# QUATRO SEGREDOS

*de um*

# CASAMENTO DURADOURO

### DICAS DE CASAMENTO DE UM MARIDO IMPERFEITO

MICHAEL LETNEY *com* KAREN HARDIN

# QUATRO SEGREDOS

*de um*

# CASAMENTO DURADOURO

DICAS DE CASAMENTO DE
UM MARIDO IMPERFEITO

MICHAEL LETNEY *com* KAREN HARDIN

2ª edição
Santo André, SP
2023

This book was first published in the United States by Worthy Publishing, One Franklin Park, 6100 Tower Circle, Suite 210, Franklin, TN 37067, with the title *Four Secrets to a Forever Marriage* by Michael Letney with Karen Hardin, Copyright © 2015.

© Geográfica Editora
Todos os direitos desta obra pertencem a Geográfica Editora © 2023
www.geografica.com.br
O conteúdo desta obra é de responsabilidade de seus idealizadores.
Quaisquer comentários ou dúvidas sobre este produto escreva para:
produtos@geografica.com.br

**Diretora editorial**
Maria Fernanda Vigon

**Editor responsável**
Marcos Simas

**Tradução**
Vera Jordan

**Preparação de texto**
Roberto Barbosa

**Revisão**
João Rodrigues Ferreira
Carlos Buczynski
Nataniel Gomes

**Diagramação**
Pedro Simas

## SIGA-NOS NAS REDES SOCIAIS

 geograficaed

 geoeditora

 geograficaeditora

 geograficaeditora

**Geográfica** editora

---

L649q    Letney, Michael e Karen Hardin
    Quatro segredos de um casamento duradouro: dicas de casamento de um marido imperfeito / Michael Letney e Karen Hardin. Traduzido por Daniel Guanaes. – Santo André: Geográfica, 2023.

    216p. ;
    ISBN 978-65-5655-407-5

    1. Casamento. 2. Matrimônio. I. Hardin, Karen. II. Guanaes, Daneiel. III. Título.

    CDU 265.5

# AGRADECIMENTOS

Aos meus pais, Carroll e JoAnne Letney, e aos meus sogros, Joe e Barbara Beshara. Vocês me incutiram, desde pequeno, a ideia de estabelecer grandes objetivos. Também me ensinaram a importância de uma sólida ética de trabalho, o valor e os benefícios do trabalho árduo e, ao mesmo tempo, a jamais me esquecer de desfrutar a vida. Ensinaram-me, ainda, a importância de ser compassivo e de me importar com o próximo, motivos pelos quais sou muito grato. Minha imensa gratidão por tudo isso, bem como o apoio fiel a Barbie e a mim ao longo dos anos.

Aos meus filhos Michael e Melissa – obrigado por me permitirem ser quem sou. Amo vocês dois mais do que poderão imaginar. Ser pai é um dos papéis mais preciosos que recebi na vida. Valorizo a lembrança do nosso tempo como família. Brincávamos e fazíamos gracinhas nos bons momentos, mas vocês foram fiéis e tolerantes quando passamos por provações. Tenho orgulho dos adultos que vocês se tornaram. Minha oração é que vocês e seus companheiros sempre partilhem a felicidade, amizade e unidade que sua mãe e eu encontramos em nosso casamento... para sempre.

Dr. James (Jimmy) Buskirk — como pastor sênior de uma das maiores igrejas metodistas da região, com milhares de pessoas sob sua influência, que arranjou tempo para ministrar ao meu coração quando eu estava abatido e sofrendo. Você me levou ao que é "único". Você mudou a minha vida. Agradeço-lhe além do que jamais serei capaz de expressar.

O falecido Christie J. Byrd — meu professor de marketing no programa de educação vocacional do ensino médio — foi a única pessoa, fora de minha família, que me incentivou e me orientou. Ele enxergou valor na minha aptidão e imprimiu em mim a crença de que eu poderia alcançar o impossível. Com exceção da minha família, ele foi a pessoa que mais me apoiou. Sempre serei grato pela influência dele em minha vida.

## DEDICATÓRIA

Quero dedicar este livro à minha companheira por quase trinta anos. Barbie, você caminhou comigo pelos dias mais difíceis e atribulados pelos quais passei. Você me amou e permaneceu ao meu lado do modo que eu jamais poderia ter merecido, ou mesmo esperado. Seu amor, coragem, força e compaixão ao longo desses anos me sustentaram nas tempestades, as quais temos enfrentado e vencido juntos. Você me ajudou a chegar ao cume do nosso sucesso. Uma esposa tão incrível, que não consigo imaginar um dia sem você. Não há dúvida de que você é um presente de Deus.

Barbie, não vejo a hora de dividir mais um pôr-do-sol ao seu lado, de mãos dadas. Minha oração e desejo é que eu possa amar, respeitar, honrar e apoiar você, assim como você tem feito comigo. Sempre.

"Não se case com a pessoa com quem você acha que pode viver junto; case-se somente com a pessoa sem a qual você acha que não pode viver."[1]

James Dobson
Psicólogo e Autor

# ÍNDICE

| | |
|---|---|
| Agradecimentos | 5 |
| Dedicatória | 7 |
| | |
| Introdução | 11 |
| 1. Forçado a encarar a verdade | 17 |
| 2. Eles se foram | 23 |
| | |
| SEÇÃO 1: TRANSPARÊNCIA | 29 |
| 3. A base de um relacionamento saudável | 31 |
| 4. Transparência requer vulnerabilidade | 41 |
| 5. Criando intimidade por meio da transparência | 57 |
| *A base da transparência* | 63 |
| | |
| SEÇÃO 2: VERDADE | 71 |
| 6. Nosso momento da verdade | 73 |
| 7. A verdade é a verdade | 87 |
| 8. Encarar a verdade significa encarar os gigantes | 95 |
| *Os passos da verdade* | 101 |
| | |
| SEÇÃO 3: CONFIANÇA | 111 |
| 9. Confiando em meio às crises | 113 |
| 10. Confiança se dá | 133 |

| | |
|---|---|
| 11. Confiança se conquista | 139 |
| *Os passos para a confiança* | 147 |
| | |
| SEÇÃO 4: UNIDADE | 155 |
| 12. Um lugar de poder | 157 |
| 13. Não acontece simplesmente | 165 |
| 14. Um lugar de milagres | 175 |
| *Os passos para a unidade* | 183 |
| | |
| 15. A porta de entrada para o novo destino | 191 |
| Um convite | 197 |
| Uma observação final | 201 |
| Dando o próximo passo | 203 |
| Avaliações | 207 |
| Notas | 211 |
| Sobre os autores | 213 |

# INTRODUÇÃO

Eu amo cerimônias de casamento. Nenhum outro dia da nossa vida carrega tanta expectativa, felicidade ou promessa de sonhos realizados. Porém, casamentos excelentes não acontecem simplesmente. Confie em mim. Fui abençoado com a esposa mais incrível que existe, mas não porque sempre fui o marido mais incrível para ela. Aprendi uma lição muito importante na caminhada acerca do que é preciso para se cultivar um ótimo casamento e gostaria de passá-la a você como meu presente para o seu casamento. É o segredo de quatro ingredientes necessários que, juntos, criam a base para qualquer relacionamento bem-sucedido.

Antes do grande dia, dedicamos imensa atenção a cada detalhe na tentativa de realizarmos a cerimônia de casamento perfeita. Porém, assim fazendo, temos ignorado os importantes detalhes necessários para se criar um casamento saudável e bem-sucedido?

Nenhum outro dia da nossa vida recebe tanto planejamento ou atenção; afinal de contas, ele tem de ser perfeito. É como o clímax em que dois corações passam a bater como um só. Um dia em que você dá tudo que é e o que não é – mas que espera ser – àquele com quem deseja passar o resto de sua vida. É o dia que simboliza a decisão de entregar seu amor àquele que você confia que protegerá, respeitará e guardará seu coração... para todo o sempre.

Não creio que alguma noiva ou noivo invista todo o tempo, planejamento, energia e dinheiro em seu "dia especial" com a ideia de que tal união poderia, simplesmente, não durar para sempre. Você já se perguntou o que faz um casamento durar? Ou por que alguns casamentos conseguem durar e outros não? Eu já.

Olhando para meu casamento com a Barbie, em 1986, fico imaginando se houve algo acerca daquele dia especial que nos preparou para a parte do "até que a morte nos separe" – o casamento real. Não me entenda mal, eu acho que o dia da cerimônia deve ser especial e exclusivo. Todavia, como seriam nossos casamentos se investíssemos nele a mesma consideração, tempo e energia que colocamos para garantir o sucesso do dia da cerimônia? Há muita ajuda disponível para o planejamento de uma cerimônia. Feiras para noivas, revistas especializadas em casamento, mestres de cerimônia... cada uma dedicada aos detalhes – todos importantes – do tão sonhado dia da festa de casamento. Nenhum detalhe é pequeno demais, já que se dá atenção às cores, vestidos, temas, locais, convites e cardápios, com todos eles recebendo atenção meticulosa. Você sabia que aproximadamente 2,3 milhões de casais se casarão por ano somente nos Estados Unidos? Isso significa 6.200 cerimônias de casamento por dia. Esses casais gastarão, coletivamente, mais de 72 bilhões de dólares apenas para garantir que seu dia seja perfeito. Mas qual

INTRODUÇÃO

é o "orçamento" criado pelos casais em termos de tempo, dinheiro e esforço necessários para garantir que o pós-festa tenha tanto sucesso quanto o próprio dia da cerimônia de casamento?

Todos os relacionamentos têm desafios e dificuldades que demandam energia e dedicação para perseverar. A própria vida é extremamente desafiadora e repleta dessas barreiras, lombadas e acidentes dos quais às vezes pensamos: *Eu não me inscrevi para isso*. Talvez você seja um dentre os 35 a 50% da população que já percorreu um caminho de insucesso matrimonial não alcançando o "até que a morte nos separe". Sua jornada não foi do tipo "felizes para sempre". Este livro é para você também. Pois os princípios de transparência, verdade e confiança que geram unidade não são apenas boas ideias para os recém-casados, eles são os ingredientes necessários para o sucesso de qualquer relacionamento.

Em meu próprio casamento com a Barbie, nós vivenciamos desgostos e desafios que poderiam facilmente nos ter feito jogar a toalha, desistir e não chegar à parte do "até que a morte nos separe". Barbie e eu passamos por um assalto à mão armada, um arrombamento e não apenas uma falência, mas duas. Chegamos ao topo da montanha do conforto e da estabilidade financeira para, de repente, simplesmente despencarmos do penhasco e nos espatifarmos no chão. Chegar ao fundo do poço uma vez é ruim, mas duas vezes deve ser um nocaute para qualquer casamento. Além disso, nossos votos matrimoniais de "na saúde ou na doença" foram colocados em prova após eu ser diagnosticado com uma anormalidade rara que mudou completamente a nossa vida. Qualquer um desses eventos traumáticos ou das repercussões que se seguiram poderia facilmente ter arruinado com o nosso casamento e o nosso compromisso de seguirmos juntos "até que a morte nos separe". E quase arruinou, até que aprendi a importância desses quatro segredos e como incorporá-los em nosso casamento, porque posso dizer-lhe que até certa altura eles não estavam presentes. Sem dúvida, foi preciso esforço e compromisso, além do investimento de tempo para trazê-los para nosso relacionamento conjugal, essencialmente para começar de novo. Porém, valeu a pena.

Então quer você esteja planejando o dia da cerimônia de casamento quer esteja em um relacionamento que sente que poderia ser melhor, deixe-me partilhar com você esses passos essenciais que produzirão uma vida de unidade.

Posso dizer por experiência própria que nem sempre é fácil. Por diversas vezes não consegui. Viver em total transparência até mesmo quando as coisas estão bem, nunca é tarefa fácil. Falar e viver a verdade pode causar dor, às vezes. E estar empenhado na ideia de confiar em Deus, bem como em seu companheiro de vida, sempre pode ser uma caminhada de fé. Porém, quando não há transparência, não há verdade. Sem verdade, nunca se constrói confiança. *E sem confiança, a unidade não tem chance.*

Como eu disse antes, amo cerimônias de casamento. Amo a alegria, a expectativa, a criatividade do momento e a felicidade que trazem, além do compromisso com o "até que a morte nos separe". Como criador da Unity Cross, meu desejo era criar um símbolo duradouro que não pudesse ser destruído ou descartado após a cerimônia, mas que, em vez disso, se tornasse um memorial exposto nas casas muito tempo depois de o vestido ser embalado e despachado e os smokings devolvidos. Um símbolo da aliança feita entre um homem e uma mulher e a memória daquele momento em que eles se unem como um só.

E assim como a Unity Cross ajuda muitos casais a celebrarem o início do "felizes para sempre" no dia da cerimônia de casamento, meu desejo é que este livro lhe dê a coragem e a força para lutar por seu casamento em tempos de batalha e acreditar nos tempos de alegria, à medida que trilham juntos para alcançar um casamento "até que a morte nos separe".

# CAPÍTULO 1

## FORÇADO A ENCARAR A VERDADE

*"Sua vida vai mudar, senhor Letney. Não posso garantir que quando acordar, ela será a mesma", avisou o médico. Olhei para minha esposa, Barbie, para avaliar sua reação. Ela não disse nada, mas eu podia ver o medo em seus olhos. Apertei sua mão. Estamos juntos nisso, seja qual for o resultado. Porém, o sentimento nem sempre fora assim.*

O relógio se aproximava da meia-noite, encerrando um dia de Natal quase perfeito. Embora a hora fosse adiantada, eu estava desfrutando um papo com meus filhos Michael e Melissa. Minha esposa Barbie já havia ido se deitar, mas eu estava esparramado no chão da sala de estar, aproveitando um raro momento de tranquilidade com meus dois adolescentes, jogando conversa fora. Com dezessete e catorze anos, respectivamente, Michael e Melissa estavam crescendo rápido demais. Eu estava aproveitando o tempo com eles, já que o feriado acabara.

O Natal significava meio dia de folga no cronograma frenético que eu tinha como proprietário de uma loja de varejo. Iniciei meu próprio negócio quando tinha 22 anos de idade, e já havia experimentado mais do que uma cota justa de embates ao longo do caminho. Porém, nessa noite, relaxando com as mãos cruzadas atrás da cabeça, eu estava totalmente em paz. Não tinha ideia de que minha paz estava a ponto de ser despedaçada e que, nas próximas horas, tudo que tínhamos dado duro para reconstruir nos últimos seis anos desapareceria completamente.

Enquanto ouvia a conversa das crianças, eu refletia sobre os acontecimentos do dia. Tinha sido um dia repleto de diversão, família, festa e boa conversa. Este foi o primeiro Natal, desde a perda de tudo, em que minha esposa e eu estávamos prontos para oferecer um típico Natal para Michael e Melissa. Não fora tudo que tínhamos esperado, mas as coisas estavam começando a mudar para nós, finalmente, após a falência que havia literalmente nos estrangulado.

Voltando ao presente, concentrei-me nas crianças. Michael estava em seu território, rodeado de instrumentos musicais, inclusive um par de teclados e um computador, harmonizando com a Melissa, já que cantavam juntos. Eu estava feliz por participar daquele momento.

Como pai, eu estava muito orgulhoso por eles, mas era um orgulho misturado com frustração. Em virtude da falência, os últimos anos foram apertados. Muito apertados. Estávamos começando a nos firmar novamente, mas eu ainda não conseguia suprir o que necessitavam para ajudar no desenvolvimento dos seus dons. O exuberante talento de Michael para compor música e a incrível voz de Melissa já tinham proporcionado a eles um benefício maravilhoso e provido oportunidades muito além de suas idades. Mas para ir em frente e progredir, o Michael, principalmente, precisava de equipamentos mais novos. Os teclados e o computador que ele estava usando eram velhos, além de serem emprestados da nossa igreja. Éramos gratos pela generosidade, mas eu sabia que Michael queria, e precisava, ter o próprio equipamento. E tudo isso custava dinheiro.

Eu observava em silêncio o trabalho dele enquanto lutava com meus pensamentos e desejos de um pai que deve ser provedor dos seus filhos. Infelizmente, o equipamento novo teria de esperar. Pelo menos era o que eu pensava enquanto tentava pegar no sono.

Às duas horas da madrugada alguma coisa me acordou assustado. Ainda no chão da sala de estar, esperei meus olhos se abrirem e se firmarem. Michael ainda estava no teclado, mas agora com fones nos ouvidos

> "Você tem de confiar em mim. Não tem nada a ver com você."

para não atrapalhar meu sono. Melissa já havia sumido, provavelmente já estava na cama.

Michael não percebeu que eu estava acordado, completamente perdido no próprio mundo, tocando, escrevendo e compondo. Enquanto eu o analisava, o Senhor falou ao meu coração: *Compre aquele equipamento para ele.*

De onde veio isso? Tá brincando! Deus sabia da minha situação financeira como qualquer outra pessoa. "Deus, o Senhor sabe que não tenho dinheiro. Não tenho nem um cartão de crédito. Eu quero comprar o equipamento para ele, mas não vai dar", arrazoei em meu pensamento.

A voz persistiu: *Confie em mim. O que vou mostrar-lhe tem a ver com seus filhos e a geração dos filhos dos seus filhos. Você tem de confiar em mim. Não tem nada a ver com você. Levante-se e vá comprar o equipamento.*

A instrução foi tão clara que senti não ter escolha. Levantei e fui em direção ao Michael. Vi seu olhar indagador ao tirar os fones de ouvido e parar de tocar.

— Michael, quanto custariam o equipamento e o software que você estava me falando? E onde eu poderia achá-los? — Perguntei.

— Custariam cerca de 2.500 dólares, no total — explicou-me ele sem nenhuma hesitação. Com poucos cliques no mouse do computador, ele abriu os *hyperlinks* nas páginas que exibiam o equipamento. Essa busca foi fácil para ele, pois havia pesquisado exaustivamente o equipamento e adicionado à sua lista de favoritos para compra. Com um clique no mouse, nós poderíamos comprá-lo de imediato... Isto é, se eu tivesse o dinheiro.

— Está dizendo aqui que pode pagar à vista em 90 dias — comentou Michael enquanto olhava a tela.

*"Sim, isso é para quem tem crédito"*, pensei, sabendo que com uma falência em meu passado eu nunca seria aprovado.

*Confie em mim,* disse o Senhor novamente em meu coração. Foi um momento verdadeiro.

— Legal, Michael, vamos tentar — disse eu, querendo parecer otimista. Contudo, em meu coração, eu tinha certeza de que seria constrangido na frente do meu filho. Preenchemos o questionário, que era breve, porém obrigatório, e então Michael clicou no botão "comprar". Aguardamos, já que a tela exibia um movimento circular indicando que o computador estava "pensando". Segurei o fôlego, enquanto o movimento circular seguia por vários segundos. A próxima coisa que ouvi foi um "dim-dom" ao surgir uma nova tela.

— Maravilha! Aqui diz que vai chegar dentro de cinco a oito dias. Isso é tremendo! Obrigado, pai! — Exclamou Michael, cheio de alegria com seu presente de Natal inesperado e tardio.

Fiz um não com a cabeça em sinal de ceticismo. Fui aprovado. Era impossível.

O que não percebi foi que, mesmo enquanto Deus estava me levando a um novo patamar de fé para ouvir a sua voz e confiar em sua provisão, exatamente no mesmo instante, em minha loja, a aproximadamente 4.800 metros de distância, todo o meu mundo estava sendo devastado.

# CAPÍTULO 2

## ELES SE FORAM

Como um "viciado em trabalho" convicto, raramente eu tirava folga. Porém, com o feriado, minha loja, Letney Jewelers, havia fechado na véspera de Natal. Seria reaberta em poucas horas para a leva de caçadores de pechinchas pós-Natal. Antes do feriado, eu havia recebido várias ligações de alguns clientes importantes que estavam deixando a cidade e tinham pedido para colocar suas joias mais valiosas em meu cofre enquanto estavam fora. Antes de encerrar o expediente na véspera de Natal, eu havia recebido e trancado no cofre mais de um quarto de um milhão de dólares em joias para meus clientes. Além disso, os cofres continham no mínimo esse mesmo valor em estoque da loja.

Acordei com o despertador tocando e percebi que eu havia caído novamente no sono depois de comprar o equipamento com Michael bem cedo naquele dia. Nove horas. Vesti-me rapidamente, peguei um café e dei um beijo em Barbie, nessa ordem, antes de dirigir-me à loja para abri-la. Os negócios tinham sido bons no passado. Os últimos anos foram um tempo de reconstruir. Devagar, estávamos pagando os credores

que restavam daquele período desolador. Estar finalmente saindo de um buraco de endividamento era um
sentimento muito bom. Ao entrar no estacionamento
do pequeno complexo de lojas, não tinha ideia de que
meu mundo estava prestes a mudar radicalmente.

As chaves tilintavam enquanto eu tentava achar
a correta. Quando virei a maçaneta e abri a porta da
frente, fui saudado pelo silêncio. Meu coração acelerou. O *bipe* costumeiro do alarme de segurança que
me avisa para desarmá-lo não soou. Em vez disso, o
silêncio preenchia a escuridão da entrada conforme eu
destrancava e abria o segundo conjunto de portas que
davam para nosso showroom. O ambiente narrava a
história. Fragmentos espalhavam-se pelo chão. Caixas
de brinco foram lançadas ao chão; vidro esmigalhado
e partes do armário quebrado espalhavam-se pelo car-
pete. Sem saber se os ladrões ainda estavam dentro da
loja, saí e chamei a polícia imediatamente. Enquanto
esperava, minha mente viajou por um milhão de situações. Fiquei imaginando o que me esperaria lá dentro.
Mesmo no ar gelado do inverno, o suor descia pelo
meu rosto enquanto esperava e ficava imaginando.

Felizmente, naquela manhã, um policial, que é
também meu amigo, estava de plantão. Ele ouviu o
chamado para minha loja — pelo operador de chamadas de emergência — e veio correndo. Enquanto eu
aguardava no carro, minha mente foi aos dois cofres
escondidos em uma sala dos fundos. A sala foi construída para proteger esses cofres e localizava-se longe
do alcance de olhos curiosos ou de acesso fácil. A parede em torno da sala do cofre não era um *drywall* comum, mas fora especialmente construída com madeira

compensada da espessura de uma polegada, a fim de evitar a perfuração fácil da parede que leva aos cofres. Vigiada por câmeras e com mobília estrategicamente posicionada, a estrutura continha somente um pequeno "ponto vulnerável" que permitiria acesso à sala. Era extremamente bem protegida.

O TRTLX6-60 era conhecido como a linha *premium* dos cofres, reconhecido pela segurança e impenetrabilidade. Resistia a ferramentas e a fogo em todos os seis lados por até 60 minutos contínuos. Você poderia tentar furá-lo pelo mesmo intervalo de 60 minutos e ainda assim não conseguiria penetrar — essa era a resistência do cofre. No segmento de joias, eles eram classificados como tão resistentes a roubo que podiam conter até um milhão de dólares em diamantes por cofre sem que fosse preciso se preocupar se o seguro pagaria. Os cofres pesavam aproximadamente 2.700 quilos cada um e tinham o tamanho de uma geladeira. Eram considerados praticamente impenetráveis, quase tanto quanto o *Titanic* era considerado inafundável...

O policial acabou de checar a loja e fez sinal de que não havia ninguém. Ao entrar, fui pisando sobre os vidros quebrados e fragmentos no showroom enquanto me dirigia aos cofres. Em seguida, eu iria analisar o dano e a quantidade de estoque roubado dos estojos. Porém, uma rápida passada de olhos pelo showroom me fez perceber que os ladrões haviam feito o serviço completo.

Continuei avançando entre o caos, minha mente já trabalhando, calculando a tarefa que me aguardava. Eu teria de achar um reparador para furar os cofres e recuperar o estoque e as joias dos clientes. Tinha certeza de que os cofres estariam danificados, mas ainda estava confiante quanto à segurança de seus conteúdos. Isto é, até eu dobrar o corredor para a sala dos fundos. Atônito, parei ali, olhando para a sala vazia. Os cofres não tinham sido corrompidos, eles foram levados.

ELES SE FORAM. Fiz um não com a cabeça em sinal de ceticismo. Cofres que pesam 2.700 quilos cada um e têm o tamanho de uma geladeira não desaparecem simplesmente. Os ladrões sabiam o que estavam buscando e vieram preparados para levar. Com esse peso, você não pode simplesmente colocar um carrinho embaixo e movimentar os cofres para fora. Não pode levá-los usando apenas alguns homens fortes. Teria sido necessário um levantador hidráulico e guincho com um carrinho bem forte, além de no mínimo dois ou três homens fortes para movimentá-los. Esse roubo fora bem planejado e bem executado – um serviço feito por profissionais.

> Foi uma jornada incessante que me ensinaria quatro componentes essenciais: Transparência, verdade, confiança e unidade.

Mesmo enquanto minha mente lutava com as informações que me bombardeavam, eu ouvi Deus falar aquelas mesmas palavras ao meu coração: *Confie em mim, eu sou com você. Não tem nada a ver com você, tem a ver com o lugar para onde estou levando você. Tem a ver com seus filhos e a geração dos filhos dos seus filhos. Preciso que confie em mim.*

Confiança. Descobri que era isso que estava faltando em meu coração, em minhas ações e em meu casamento seis anos antes, quando tivemos a primeira crise em minha empresa. Desde então, Barbie e eu estivéramos trabalhando para reconstruir nosso casamento, enquanto eu trabalhava para reestabelecer a confiança. Foi uma jornada incessante que me ensinaria quatro componentes essenciais: transparência, verdade, confiança e unidade, que por um tempo estiveram visivelmente ausentes de minha vida e de meu casamento. Meu casamento poderia ter se desintegrado, e a culpa teria sido totalmente minha. Tínhamos trabalhado juntos tão arduamente e agora, de repente, parecia que tinha sido tudo em vão, já que o chão fora tirado debaixo dos meus pés mais uma vez.

# TRANSPARÊNCIA

"A transparência permite que os relacionamentos amadureçam mais rápido, já que a sinceridade pode, teoricamente, evitar mal-entendidos que alimentem uma tensão desnecessária."

# CAPÍTULO 3

## A BASE DE UM RELACIONAMENTO SAUDÁVEL

S er transparente. Uma das coisas mais fáceis que você fará na vida e também uma das mais difíceis. Tudo de que se necessita é honestidade visceral, comunicação e a remoção de todas as "cortinas de fumaça". Não dá para ser mais fácil? Não dá para ser mais difícil?

Eis aqui um teste rápido para ajudá-lo a medir o nível de sua transparência.

Você partilha livremente com seu noivo, noiva ou cônjuge:

1. As conversas que têm com outras pessoas?
2. As pessoas com quem você encontra durante o dia?
3. Os sites em que você navega na internet?
4. Os altos e baixos do seu dia?
5. Os pensamentos mais profundos do seu coração?

Se a resposta a qualquer um dos itens for "não", então provavelmente você não esteja sendo 100% transparente com seu companheiro. É hora de investigar o porquê.

A demanda por transparência tornou-se uma moda popular nos últimos anos, não apenas no local de trabalho, mas também em nossas igrejas, no governo e para praticamente todos que ocupam uma posição de liderança. O tempo em que o chefe, o pastor ou qualquer tipo de líder podiam permanecer distantes e recusar responsabilidades já era. As ações de um líder terão influência direta em sua equipe. Eles não podem mais se distanciar daqueles que lideram. Em vez disso, com o crescimento das mídias sociais, a linha tênue que permitia aos líderes uma camada de privacidade ou mistério foi removida. Diferentemente dos dias passados, a transparência atualmente é exigida e quase sempre aplaudida. Estudos atuais revelam que um líder que é transparente com seus colaboradores, especialmente nas épocas de crise, ganha verdadeiramente a confiança destes. Se isso é verdade no mercado de trabalho, quanto mais o seria em um casamento em que o marido e a esposa são transparentes?

> Não há ninguém com quem você deveria ser mais transparente do que a pessoa com quem assumiu um compromisso de vida.

Não se engane, transparência é difícil de alcançar, mas a única maneira de uma pessoa conhecê-lo de verdade é se você permitir-lhe acessar os seus pensamentos e coração, além de tornar-se transparente. E se for noivo ou já casado, não há ninguém com quem você deveria ser mais transparente do que a pessoa com quem assumiu um compromisso de vida.

Então, o que significa ser transparente? É realmente necessário? No passado, eu teria argumentado que não. De fato, minha desculpa por não ser plenamente transparente com minha esposa Barbie, enquanto minha empresa se movia em espiral para a falência em 1999, não era que eu estivesse tentando esconder as coisas dela, pelo contrário, eu achava que estava tentando protegê-la. Pensava que era uma causa nobre. Porém, estava errado, e as consequências foram devastadoras.

Deixe-me dar-lhe um exemplo. Se você fosse acusado de um crime e eu fosse seu advogado de defesa, seria imprescindível sua transparência para comigo, a fim de operarmos eficazmente como equipe e para que eu pudesse defendê-lo com precisão. Se mantivesse informações não compartilhadas comigo, você poderia destruir sua defesa e a confiança entre cliente e advogado. Nessa situação, você negaria qualquer envolvimento no crime e proclamaria sua inocência. Contudo, na realidade, saberia que havia evidência contra você que confirmaria sua culpa, mas não me falaria. A primeira vez que fico sabendo disso é quando o advogado de acusação traz informações claras durante o julgamento. A revelação destrói nossa defesa, e o resultado é que você perde. *Você perde.* Porque isso é o que a falta de transparência sempre produzirá.

Em razão da falta de transparência, eu não posso representá-lo de modo adequado. Todos perdem nessa situação. Não teria sido muito melhor se pudéssemos ter trabalhado juntos como equipe para achar uma solução? Agora percebo que não o conheço de fato, e não sei como seguir em frente como equipe. Quando isso acontece em um casamento, quando retém do companheiro o todo ou parte de você, no sentido mais verdadeiro, um crime é cometido. Os dois perdem, e há consequências a serem pagas.

Esse é um exemplo extremo, mas muitos casamentos e relacionamentos passam por esse tipo de infidelidade quando recusamos ser transparentes. A realidade é que, quando optamos por reter algo do nosso cônjuge ou daqueles a quem somos mais próximos em qualquer área, não permitimos que eles nos conheçam.

Eu experimentei isso pessoalmente. Em algum momento no casamento, não fui totalmente honesto com minha esposa acerca das decisões arriscadas que eu estava tomando para manter os negócios em dia. Não trabalhei em sintonia com ela. O que estava fazendo era esconder informações dela, porque eu estava usando a máscara do sucesso. E eu a vesti bem. Servi como presidente de nossa classe da escola bíblica dominical. Servi em diversas diretorias, e a julgar por todas as aparências, eu era um homem de negócios bem-sucedido. Embora lá no fundo do meu ser, eu soubesse que tinha de fazer essas coisas para confirmar meu sucesso. Acreditava de verdade que se Barbie soubesse que eu estava lutando com todas as minhas fraquezas, talvez ela não me amasse.

> Quando optamos por reter algo de nosso cônjuge ou daqueles de quem somos mais próximos em qualquer área, não permitimos que eles nos conheçam.

A distância que estava se formando entre mim e Barbie por causa das minhas ações era crescente. Isso estava me levando na direção oposta à que eu queria ir. O que eu desejava de verdade eram aproximação e intimidade emocional em nosso relacionamento, porém estava fazendo tudo para destruir isso. Não era culpa dela. Era minha, já que ergui muros de engano para evitar que ela soubesse da verdade. Eu recusei a ajuda dela. Em vez de encarar a verdade, fugi, me vestindo ainda mais com o manto do engano, e continuei lutando sozinho. Eu pensava que esse seria o único jeito de salvar o que restava do nosso relacionamento. E ela não tinha ideia.

Na sociedade de hoje é fácil as pessoas se esconderem e evitarem a transparência. Elas se escondem atrás de seus telefones, trocando relacionamentos verdadeiros, íntimos e pessoais por um modo inferior de comunicação, interação social e contato pela internet. Hoje em dia, os casais terminam e começam relacionamentos via mensagem de texto. Patrões demitem empregados por meio de uma mensagem de texto. As comunicações pessoais, que costumavam dar-se por meio de conversas face a face, agora são transmitidas de um aparelho para outro. Essa forma de comunicação quase instantânea, impessoal, tem permeado nossa sociedade e degradado nossa necessidade de contato pessoal. Trocamos o íntimo pelo inanimado. Por quê? Porque ao mesmo tempo que você pode criar um sentimento imediato de realização e gratificação, permanece superficial e distante. *Parece seguro.* Porém, a noção de segurança é falsa. E não são somente nossos jovens. É todo mundo. A tecnologia criou uma superficialidade que substitui a profundidade. Você não consegue se aprofundar mais a menos que esteja disposto a dar profundidade – a menos que esteja disposto a ser transparente.

Nunca entendi o que realmente era social nas mídias sociais. Eu amo poder criar, trabalhar e me comunicar com outras pessoas na empresa ou com a família e amigos, independente do lugar onde se encontram no mundo. Porém, há um ponto fraco. Estamos mais familiarizados com o *alter ego* de uma pessoa no Facebook ou em outro perfil nas redes sociais do que com a própria pessoa, a pessoa real. Temos nos sentido mais à vontade com a comunicação por meio de uma tela de computador, tablet ou smartphone do que pessoalmente. Veja como é fácil se esconder e evitar a transparência.

Transparência tem a ver com relacionamento. É questão de escolha. Você quer mesmo conhecer uma pessoa? Se quiser mesmo, então tem de escolher ser transparente, e transparência exige vulnerabilidade. No casamento, você deve estar disposto a revelar todas as partes de si mesmo. Parece assustador? Você não faz ideia!

***

Enquanto eu retornava pelo meio dos fragmentos que cobriam o chão da minha loja naquela manhã, pensei em Barbie. Não queria ter de telefonar para ela e dar a notícia. Desde a falência, eu havia trabalhado para ser transparente com ela, mesmo quando não era fácil – e no começo era difícil durante a maior parte do tempo.

Enquanto fiquei ali avaliando os danos, minha mente estava sobrecarregada, calculando a terrível verdade. Todas as informações pessoais e documentos importantes da minha família estavam dentro daqueles cofres, com todas as nossas joias pessoais, inclusive uma safira muito rara e um colar de diamantes que eu havia criado e dado à minha esposa no dia do nosso casamento. Era uma das peças que ela mais valorizava, e era muito cara. Eu encolhia enquanto minha mente percorria a lista de itens que, antes de fechar a loja, eu havia recebido de alguns de meus principais clientes e que haviam sido escondidos por segurança: um diamante de quatro quilates estimado em 40 mil dólares; um anel de diamante raríssimo de dois quilates, uma relíquia de família de um cliente que valia mais de 20 mil dólares e um anel de diamante de três quilates. Estes eram apenas alguns dos tesouros roubados. A maior parte era insubstituível. Os itens faltantes valiam mais de um quarto de milhão de dólares, somente a parte dos meus clientes, e aproximadamente o mesmo valor em estoque da minha loja. À medida que me lembrava do erro, um buraco se formava em meu estômago. Antes de fechar a loja na véspera do Natal, eu havia me esquecido de telefonar para minha companhia de seguro para pedir que aumentassem a quantia de cobertura da minha apólice, incluindo os itens adicionais que eu havia recebido dos meus clientes antes do encerramento do dia. Isso significava que a cobertura atual para o conteúdo dos cofres roubados era suficiente apenas para substituir o estoque da loja e os pertences pessoais da minha família. Eu estava com uma cobertura de seguro sensivelmente inferior. O suor gotejava de minha testa enquanto pensava nas poucas opções que eu tinha.

> Transparência tem a ver com relacionamento. É questão de escolha.

Com base na legitimidade da apólice, eu poderia

ter substituído meu estoque e pertences que foram roubados, sem titubear. Na realidade, a cláusula de Cuidado Razoável da apólice declarava que eu não tinha de substituir o que fora roubado das posses dos meus clientes, e que eu havia aceitado como um gesto de amizade. Por lei, eu não era obrigado a substituir as joias deles. Porém, em meu coração, eu sabia que era a coisa certa a fazer. Não havia outra escolha. Eles haviam confiado em mim. E eu cuidaria primeiro deles. Contudo, assim fazendo, eu seria deixado sem nada... de novo.

*Confie em mim,* eu o ouvi falar ao meu coração.

Fazia pouco mais de duas horas que eu havia chegado à loja e somente agora estava reconhecendo a realidade de que mais uma vez havíamos sido solapados. As palavras que o Senhor dissera reverberavam mais e mais em minha mente. *Confie em mim.* Sério? Fiquei ali, desolado, tentando não enlouquecer.

*"Deus, o Senhor só pode estar brincando comigo",* pensei. Depois de longos anos reerguendo-me da falência – seis anos de sacrifício para sanar as dívidas com meus credores e reconstruir minha empresa e reputação, em uma única noite todos os nossos esforços, sacrifício e trabalho foram reduzidos a zero. Uma mescla de ira e desespero saía pelos poros.

Eu ainda não havia ligado para a Barbie, mas sabia que não podia adiar por mais tempo. Minhas mãos tremiam enquanto eu teclava o número dela.

– Não sei como, Barbie, mas fomos roubados e levaram tudo... até os cofres – dei-lhe a notícia... Tudo. Eu sabia que era importante ser sincero com ela, independente do quanto seria difícil ouvir a notícia. Eu havia trabalhado duro para ganhar a confiança dela e não queria jogar tudo pelos ares agora. Eu tinha aprendido da maneira mais difícil, quando nosso mundo desmoronara da outra vez, os efeitos devastadores de não ser transparente.

## CAPÍTULO 4

# TRANSPARÊNCIA REQUER VULNERABILIDADE

As crianças são transparentes por natureza, normalmente de um modo embaraçoso. O que lhes vem à mente, seja o que for, é o que lhes sai da boca. Essa qualidade pode ser constrangedora quando as crianças, na inocência, fazem perguntas "proibidas" ou falam coisas que ainda precisam aprender que, pelos padrões da sociedade, são inadequadas. A inocência de uma criança ao perguntar: "Por que você está tão gordo?", ou "Por que seu cabelo está assim?" ou até mesmo "Por que você não tem cabelo?" vem diretamente de um coração transparente. O que lhes vem à mente é o que elas falam... pelo menos no início. A bronca imediata que geralmente se segue dá início ao processo de aprendizagem em que a transparência da criança é amenizada à medida que ela é orientada a esconder dos outros as coisas que pensa e sente de verdade. É nessa fase em que aprendemos a usar máscaras e esconder nosso verdadeiro "eu".

Logo, ao mesmo tempo que nascemos com a capacidade de sermos transparentes, com o passar do tempo, poucos de nós o somos realmente. A transparência requer que abramos a porta do nosso coração, contudo, a rejeição do nosso passado, o medo do desconhecido, expectativas irreais, acontecimentos traumáticos e as topadas e feridas que podem ocorrer naturalmente enquanto viajamos pela estrada das experiências da

> A transparência requer que abramos a porta do nosso coração.

vida, todos têm parte importante em fazer-nos encobrir partes de nossa vida. Se você já teve um pai, professor, irmão ou amigo que disseram palavras que provocaram feridas – e sejamos honestos, todos nós já passamos por isso –, então sabe o que quero dizer.

Minha capacidade de ser verdadeiramente transparente mudou não por causa de uma ferida que me foi causada, mas porque eu estava tentando satisfazer as expectativas que outros haviam depositado sobre mim. Deixe-me dizer, a título de registro, que a culpa não é deles. Eu comprei totalmente essa ideia, desde quando era pequeno.

Aos doze anos, eu trabalhava quarenta horas semanais para o meu pai em uma loja de roupas de moda em nossa cidade. Trabalhava não porque ele exigia, mas porque eu gostava. Minhas tendências de ser viciado em trabalho apareceram cedo. Comecei a fazer joias meio por acaso, mas logo se tornou a minha paixão. Não demorou muito para o meu hobby tornar-se um "trabalho-hobby", pelo qual eu era remunerado. Certo dia, minha tia veio visitar-me e começamos a conversar sobre joias e as tendências populares. De repente, ela decidiu convidar-me para acompanhá-la até uma loja que vendia peças de bijuterias, para eu fazer colares e gargantilhas, que eram populares na época. Comprei de 15 a 20 dólares em material para aquela que seria a primeira joia que eu criaria. Foi o suficiente. Eu fui fisgado.

Alguns dias depois, usei o colar para trabalhar na loja do meu pai. Era um sábado, e o lugar estava lotado de clientes. Uma cliente, de repente, disse:

– Rapaz! Com licença. – Ela estava com os olhos fixos no meu colar. – Onde você comprou esse colar? Eu gostaria de comprar um para o meu neto – explicou.

– Este colar é "filho único" – respondi. – Fui eu que o fiz, mas vou vendê-lo a você – respondi.

Em questão de minutos a negociação estava feita. Tirei o colar, entreguei a ela e recebi o pagamento à vista. Quarenta e cinco dólares, mais do que o dobro do que eu tinha gastado para fazer a peça.

Comecei o ensino médio e continuei fazendo joias personalizadas, mas agora eu havia expandido minha linha de colares para anéis também. Era aí que estava a verdadeira demanda e o dinheiro. Minha joalheria nascera, e com ela a expectativa de que eu estava na estrada para o sucesso.

Eu sentia que tinha de satisfazer as expectativas do colégio também. Eu era o encarregado estadual de uma organização estudantil relacionada a negócios, a qual era reconhecida em todo o país. Lembro-me do dia em que meu instrutor me deu um tapinha nas costas e exclamou: – Você é minha inspiração!

Essas palavras fizeram-me sentir especial, assim como as dos meus colegas de classe, que me rotularam como "o que tem maior probabilidade de sucesso".

Some-se a isso o fato de que, mesmo sendo apenas um adolescente, meu pai me colocou como responsável por coisas em sua empresa que a maioria das pessoas da minha idade sequer entenderia. Eu não apenas "entendia", mas estava conduzindo a empresa para ele. Algo muito além da capacidade intelectual de um rapaz; e eu assumi, abracei e estava decidido a realizar a tarefa.

Então, cresci com a sutil pressão borbulhando dentro de mim de que eu precisava alcançar o sucesso. Ela se tornou a minha "verdade". À medida que aceitei os elogios dirigidos a mim, acreditei realmente que tudo que eu tocasse viraria ouro.

Quando eu tinha meus trinta e poucos anos, havia participado de reuniões com as maiores corporações do mundo e saído delas com pedidos imensos. Não era experiente o bastante naquela época para saber que a única razão de ter obtido aqueles pedidos era porque meu preço era tão baixo que não havia possibilidade de eu ter lucro no contrato. Eles eram vitórias unilaterais para o outro time. Era um preço excelente para a corporação, e eles sabiam disso. Porém, não deixava nenhum lucro para mim, embora eu não o soubesse. Mais tarde, quando minha empresa começou a fraquejar, fiquei constrangido demais para pedir ajuda. Em minha cabeça, se eu fosse transparente àquele ponto, as outras pessoas poderiam ver que eu não era tão bem-sucedido quanto poderia ter parecido. Eu via isso como fraqueza, e no final paguei o preço. Caí do penhasco do orgulho e da falta de

> Transparência + vulnerabilidade (verdade) = confiança.

experiência porque acreditei na própria mentira de que eu havia conseguido.

Você consegue perceber como alguns eventos traumáticos do passado, ou mesmo palavras, podem nos fazer isolar certas áreas de nossa vida sem que reconheçamos isso? Pode parecer insignificante, mas treinamos para não sermos transparentes como uma estratégia de enfrentamento ou proteção contra uma experiência desagradável, ou para satisfazer expectativas irreais. Talvez seja por isso que é tão difícil para muitos de nós termos relacionamentos íntimos quando adultos. Nossa transparência tem sido restringida, paredes são erguidas, a confiança é diminuída e a porta para o nosso coração e nossa capacidade de arriscar a vulnerabilidade é afetada. Aprendemos a adaptar, esconder e bloquear a transparência. Contudo, quando casamos, de repente temos de permitir que nosso cônjuge nos veja como realmente somos. Infelizmente a transparência não é uma torneira que se pode abrir e fechar tão rápido. É uma qualidade que deve ser, muitas vezes, reaprendida.

Não é difícil acompanhar a equação evidente que surge como resultado: transparência + vulnerabilidade = dor. E quem deseja tomar esse caminho voluntariamente?

Entretanto, deixe-me oferecer-lhe outro olhar para essa equação quando você está disposto a ser transparente com aquele a quem ama e quando o honra e preza como um presente: transparência + vulnerabilidade (verdade) = confiança.

Tudo começa com a transparência, o que exige que comecemos a derrubar as barreiras de proteção existentes que reduziram nossa capacidade ou disposição de sermos vulneráveis. É um processo que leva tempo.

Quando nos recusamos a ser transparentes, em essência, forma-se uma rachadura em nosso alicerce e cria-se uma imperfeição. Essa barreira autoconstruída pode tornar-se como um câncer no casamento, que se espalhará para todo o relacionamento se optarmos por permitir que continue e cresça, mantendo as barreiras firmes no lugar. Não importa como você queira ver, o alicerce está imperfeito.

Uma casa não é mais forte do que seu alicerce. Se o alicerce estiver imperfeito, a casa vai movimentar-se. Podem não ser perceptíveis no início, mas com o tempo as rachaduras começam a aparecer no teto, paredes e chão. Se a rachadura não for resolvida, e se você não reforçar o alicerce, ela pode continuar afetando a casa e, no final, deixá-la instável. O relacionamento com seu cônjuge é sua casa. Nunca pensei que a falta de transparência estivesse prejudicando minha casa — meu casamento —, mas estava. Meu alicerce estava rachado. Vou pedir que você pense agora na força do *seu* alicerce.

Quando eu tinha 33 anos, consegui um acordo com a maior rede de varejo nacional da época. Senti que financeiramente eu havia conseguido êxito. Pensei que tivesse chegado lá. Acreditei que a vida seria fácil dali em diante, e pela primeira vez em nossa existência estaríamos totalmente seguros na área financeira.

Até aquele ponto, minha empresa não tivera problemas com vendas; o desafio era que fosse rentável. Por causa de minha ignorância, falta de experiência e resistência em buscar conselho, não percebi que esse imenso acordo com o varejo nunca devolveria um centavo de lucro para mim.

Com o crescimento do relacionamento, estávamos atendendo todas as lojas deles – mais de três mil – no país. Minha empresa cresceu, assim como os pedidos. Eu havia empregado muita gente nova, cuja renda agora dependia de mim, assim como eu dependia daqueles pedidos do varejo. O peso sobre minhas costas não era mais somente a minha família, mas agora outros também dependiam de mim.

Conforme os pedidos continuavam crescendo, cresciam também minhas despesas. Aumentei o quadro de funcionários para manter a produção em dia, porém meu lucro não acompanhava o ritmo. A folha de pagamento e as contas altas estavam excedendo a minha renda. Não demorou muito para perceber que eu estava em maus lençóis. Foi aí que acreditei no próprio engano. Eu estava mentindo para mim mesmo. Havia estragado tudo e era o único culpado por isso, mas me recusava a abrir o jogo e partilhar a verdade com Barbie.

Em vez disso, numa tentativa de corrigir a rota, tentei expandir a companhia para áreas diferentes e tornar-me menos dependente do varejo nacional. Inconscientemente, eu havia colocado todos os ovos numa cesta só, como se diz. Sem o lucro de que precisava naquelas vendas, agora eu tinha de compensar tal perda com os lucros de outras vendas. Estava como o cão que corre atrás do próprio rabo. Não conseguia correr rápido o bastante. Mal sabia eu que isso não importava. Já era tarde demais.

O que me serviu como choque de realidade foi o dia em que recebi uma ligação do varejista. Lembro-me bem do comprador me informando que, em vez de um pedido de compra, eu receberia a enorme devolução de mais de 400 mil dólares em produtos.

Rapidamente entendi que meu contrato de fornecimento "sólido como a rocha" não era tão sólido assim. Embora totalmente legais, as medidas tomadas por eles foram absolutamente inesperadas. Pensei que tivéssemos um relacionamento. Entretanto, eu havia cometido erros demais ao longo do caminho. Havia usado capital emprestado na empresa e em todos os nossos patrimônios pessoais. Cheguei à beira do penhasco, e tudo que tinham de fazer era dar um empurrãozinho e eu sairia rolando morro abaixo. Já que minhas relações comerciais falharam, meu casamento poderia facilmente ter sido o próximo. Eu não havia sido transparente com Barbie, o que deixava à mostra uma imensa rachadura no alicerce de nosso casamento.

Quer numa empresa ou num casamento, você só consegue ir adiante com um alicerce imperfeito enquanto ele não pode ser visto pelos outros. A rachadura no alicerce cresce e se espalha pelo piso, atinge as paredes e vai se alastrando por toda a estrutura. A transparência nunca é uma opção; ela é uma necessidade.

> A transparência nunca é uma opção; ela é uma necessidade.

Não pode ser ignorada, e não se pode enfatizar demais sua importância. É o núcleo sobre o qual o relacionamento é construído.

Pense comigo, qual é o oposto da transparência? Seria algo oculto ou fechado. Quando nos fechamos, quando nos isolamos, abrimos a porta para a dor, ofensa e fraude. A ofensa e a fraude são gêmeas. Onde uma está, a outra sempre está atrás. Um relacionamento que não é transparente procura encobrir as coisas ou mantê-las escondidas. Requer silêncio, ou, no caso de uma situação pior, exige mentiras. Talvez não uma mentira direta e imediata, porém lembre-se de que uma mentira por omissão ainda é uma mentira.

Como casal, deve haver transparência e comunicação aberta para as raízes criarem profundidade e fortificarem o alicerce. Não significa dizer que isso será fácil. Construir algo de valor raramente é fácil. É por isso que muitos caem fora. Eles tomam o atalho ou a estrada fácil, evitando a tarefa mais desafiadora requerida ao desenvolvimento da transparência, que exige tempo e comunicação. Contudo, é através da transparência que emergem as qualidades verbais e emocionais escondidas; à medida que se tenta tratar os questionamentos para resolução, a verdade é oferecida e a confiança é construída, criando-se um laço de unidade. A capacidade de trabalhar verdadeiramente como equipe é impossível, até que o casal esteja decidido a trilhar junto essa estrada.

Pode ser que, lendo isso, você discorde. A ideia de revelar esse nível de transparência e vulnerabilidade deixa-o com uma dor no estômago ao pensar na possível reação de seu noivo, noiva ou cônjuge. Eu entendo. Pode ser que isso lhe soe tão óbvio que você seja incapaz de imaginar como eu não disse à Barbie. Mas só porque o meu exemplo é de algo tão amplo, não significa que seja irrelevante. Você está sendo transparente nas pequenas coisas da vida? Essas pequenas coisas podem significar mais ainda do que os grandes acontecimentos. Então, como sabemos quando é seguro oferecer essa vulnerabilidade? Pois em meu relacionamento, a transparência deve ser ampliada, recebida e protegida a qualquer custo. Quando recebemos esse nível de vulnerabilidade de nosso cônjuge, ele também deve ser respeitado, honrado e apreciado a qualquer custo. *A qualquer custo.* Os erros e os fracassos devem ser expostos e perdoados. Eles não devem tornar-se munição para futuras batalhas. O que é falado em confidência permanece em confidência. Os segredos do coração revelados entre os dois permanecem guardados. Protegidos. Seguros.

Em qualquer relacionamento, isso será colocado em teste, porque somos pessoas imperfeitas. Quer tenhamos a intenção ou não, os mal-entendidos acontecem e ferimos aqueles que mais amamos. Quando isso ocorre, não nos sentimos seguros. A capacidade de oferecer transparência e vulnerabilidade requer segurança. Se a verdadeira vulnerabilidade for nível dez em uma escala de um a dez, então ela tem de ser alcançada e desenvolvida com o tempo. Você não acaba de conhecer uma pessoa e decide abrir o coração nesse nível de profundidade... Pelo menos não deveria agir assim. Relacionamento e confiança são construídos ao longo do tempo, portanto, é necessário conhecer a pessoa antes de comprometer-se com ela. Na sociedade de hoje, quando o convite para jantar é seguido da "sobremesa", os dois lados se abrem para um nível de vulnerabilidade que inevitavelmente cria espaço para a dor. A intimidade sexual deve ser o produto de um relacionamento emocionalmente íntimo, coberto e amparado na proteção do casamento, que é um vínculo de unidade. É projetada assim por uma razão. Então, ela promove um nível de proteção e segurança no relacionamento que, se construída corretamente, prepara o terreno para a transparência máxima em qualquer nível. É isso que nos capacita a partilhar nossos pensamentos, nossos sentimentos e nosso coração abertamente, sem medo ou receio de rejeição. Um companheiro verdadeiro o aceitará pelo que você é, não pelo que você faz ou por quem acredita ser. Observe que nem todo relacionamento que você está travando atingirá o mesmo nível de transparência, mas seu casamento deveria ser o relacionamento em que você pode ser plenamente transparente.

Quando minha empresa estava saindo de controle e indo em direção à falência, reconheci o quanto não havia sido transparente com minha esposa. Conforme a situação piorava, ela pôde sentir que algo estava terrivelmente errado. Mesmo assim, ainda continuei escondendo as coisas que estavam acontecendo. O estresse que causei a ela pela minha relutância em ser vulnerável é algo do qual me arrependo profundamente. A minha melhor amiga e a única com quem eu deveria estar conversando, partilhando e me abrindo mais, fora deixada de lado. Ao tentar "protegê-la" do terremoto financeiro que estava por vir, eu apenas prejudiquei o nosso casamento. Os efeitos da falência iminente iriam abalar o mundo dela. Minha recusa em ser transparente apenas aumentou o problema, em vez de protegê-la dele.

> Um companheiro verdadeiro o aceitará por quem você é; não pelo que você faz ou por quem acredita ser.

Quando decidimos esconder a verdade de nosso cônjuge, seja por qual razão for, escolhemos negar a transparência. Escolhi esconder a verdade. Quanto mais eu tentava esconder a terrível verdade dela, menos ela confiava em mim e menos unidade havia em nosso casamento. Aquilo que eu pensava estar protegendo, estava, na verdade, destruindo.

A transparência pode, de fato, ser uma porta de entrada para a liberdade em um casamento. É como um cômodo em que todas as paredes são feitas de vidro. Nada fica escondido. Porém, anos atrás não era assim para mim.

Um pouco antes da falência, minha impressão era de que eu estava escondendo tudo. Em minha mente, eu estava convencido de que poderia mudar as coisas, mas vivia com medo constante do dia em que tudo seria descoberto. O fardo aumentava a cada dia, conforme a situação piorava. O peso sobre os meus ombros era esmagador. Finalmente, abri o jogo e contei tudo à Barbie. Não tinha outra escolha. Porém, não foi transparência, foi uma confissão involuntária. Eu fui descoberto.

Lembro-me bem do dia em que finalmente sentei com ela e contei toda a verdade da falência iminente. Não escondi nada sobre nossa posição financeira ou o que nos havia trazido àquele ponto. Foi doloroso. Eu olhava para baixo enquanto falava dos acontecimentos que tinham levado minha empresa da ascensão contínua, com pedidos sobejando, para uma quebra repentina, pedidos cancelados e um grande estoque a ser pago. Não demorou muito para os credores começarem a ligar. Eu podia ver a dor nos olhos de Barbie nas poucas vezes que tive coragem o bastante de olhar para ela naquele dia. Ela tomou parte da minha dor, mas experimentou também a dor que inflagi por acidente, porque não fora honesto com ela.

Para mim, a transparência foi um caminho trilhado e não um clique repentino em minha mente. Porém, não foi uma jornada longa. Uma vez que olhei tudo que tinha a perder, a decisão de mudar foi relativamente fácil. Quando finalmente caí na real de que ao esconder a verdade da minha esposa eu poderia perdê-la, assim como meu casamento e minha família, decidi que não importava o tamanho da dor da verdade, pois ela jamais se compararia à dor de perder Barbie. Finalmente, me coloquei no lugar dela. Eu ficaria com alguém que guardou segredos e recusou comunicar-se com sinceridade e transparência? Eu manteria um relacionamento com alguém em quem eu não podia confiar? Não, provavelmente não. Graças a Deus que ela ficou. Graças a Deus que reconheci meu erro antes que fosse tarde demais.

Meu "dia de ajuste de contas," em que revelei à Barbie a situação real da empresa, não foi um dia de transparência de verdade. Foi uma transparência forçada. Eu partilhei as informações porque não podia mais escondê-las. Era o que eu tinha de fazer naquele momento. O que um casamento saudável precisa é de transparência e vulnerabilidade, oferecidas sem reservas. Finalmente, tomei essa decisão algum tempo depois. É o que chamo de o meu "Dia da Liberdade".

Ao longo do meu casamento, tomei decisões com bastante frequência, especialmente em relação à minha empresa ou nosso dinheiro, sem consultar a Barbie ou mesmo informá-la posteriormente. (Sei que não sou o único homem que agiu dessa maneira!). Mas para ser honesto, não acho que isso seja totalmente incomum em um casamento onde um cônjuge deseja que o outro controle completamente as finanças e tome todas as decisões enquanto ele apenas o segue. Por essa razão, é importante num casamento que as duas partes estejam envolvidas em *todas* as decisões importantes. Em nosso caso, Barbie nunca pediu para ser mantida à margem.

Ela queria fazer parte. Vou repetir, casamento é trabalho de equipe. Trabalho de equipe e compromisso que são necessários para a resolução de conflitos, para criar os filhos com sucesso, para viver em harmonia. Trabalhar como uma equipe requer comunicação. Isso significa ter a capacidade de

> Para mim, a transparência foi um caminho trilhado, e não um clique repentino em minha mente.

discutir as questões, livre e gentilmente, expressando as opiniões com liberdade para discordar. Assim, quando a hora chegar, vocês ainda estarão no mesmo lugar, ainda de mãos dadas.

Um casamento saudável requer que não foquemos tanto no "eu", mas sim no "nós". Requer decisões em conjunto e um espaço de acordo. Uma pessoa não deveria estar tomando todas as decisões sem a contribuição de seu cônjuge, contudo, às vezes, por causa de agenda apertada, não separamos um tempo diário para sentar e discutir o que aconteceu em nosso dia ou sobre os acontecimentos surgidos, que acabarão afetando os dois lados.

Meu "Dia da liberdade" se deu quando me comprometi totalmente a incluir Barbie em cada decisão.

Pode parecer simples. Mas os hábitos do passado me provaram que não era. Já haviam passado diversos meses da falência. Havíamos perdido nossa casa, nossos carros e todos os nossos bens. Minha empresa não estava produzindo, e a Barbie retornara à ativa após anos como uma mamãe "do lar" para se tornar a principal provedora da nossa casa. Eu estava humilhado. No passado, sempre fomos generosos ao ajudar os outros. Certa vez, recebi a ligação de um amigo que estava com uma necessidade financeira urgente. Eram apenas algumas dezenas de dólares. Não muito, mas naquela época não tínhamos a quantia para dar. Porém, mesmo com tudo que estávamos passando, a necessidade dele superava a nossa. Esfreguei a têmpora enquanto continuava a ouvir o apelo por ajuda. No final, tomei a decisão de dar o dinheiro e passei a mão no telefone. Em poucos segundos, eu me toquei. Não havia perguntado à Barbie! Havíamos caminhado tanto nos últimos meses para restabelecer nossa vida, os negócios e nossa estabilidade financeira. Eu sabia que não podia esconder isso dela. Reconheci tardiamente que deveria tê-la incluído na decisão. Contudo, agora que havia me comprometido, precisava informá-la imediatamente e não mais tarde.

No semáforo de um cruzamento agitado, disquei o número da Barbie rapidamente. Sabia que não podia adivinhar como ela responderia. Também sabia que, ao escolher ser transparente, a verdade me libertaria. E assim foi. O que eu mais me lembro daquela conversa não foi da resposta de Barbie ao fato de que eu tinha dado um dinheiro que realmente não tínhamos. Em vez disso, lembro-me de sua gratidão e apreço por não ter escondido dela ou simplesmente a deixado descobrir. O estágio de reconstrução do nosso casamento continuava à medida que eu mostrava a ela meu compromisso de deixá-la a par de tudo. Estávamos reconstruindo a confiança porque eu havia escolhido a transparência ao oferecer a verdade. Assim como eu, Barbie tinha uma escolha a fazer. Ela teve de escolher confiar. Eu, por minha vez, tive de aprender a valorizar aquela confiança e apreciá-la. Primeiro você precisa estender a mão antes de poder receber.

Cada ingrediente toma como base o outro. Um casamento bem-sucedido requer a presença dos quatro ingredientes. Transparência. Verdade. Confiança. Unidade. Um não pode existir verdadeiramente sem os outros.

O dia da liberdade foi o dia em que tudo isso fez sentido para mim. Eu estava investindo em nosso casamento, o que geraria benefícios de longo prazo. Eu era transparente com Barbie, oferecendo a verdade, o que estava criando confiança entre nós. Eu nunca olharia para trás.

## CAPÍTULO 5

# CRIANDO INTIMIDADE POR MEIO DA TRANSPARÊNCIA

Os casamentos se tornaram um grande negócio em todos os países e culturas do mundo. De acordo com estatísticas[3] recentes, hoje, nos Estados Unidos, noivos e noivas comuns gastarão pouco menos de 30 mil dólares pela cerimônia, com um tempo médio de noivado de catorze meses. Catorze meses comprometidos com o planejamento do dia especial, mas quanto disso é investido no planejamento de um futuro juntos? Na realidade, enquanto a maioria dos casais se debruça sobre os infinitos detalhes no planejamento do casamento – desde o local até a cor dos guardanapos –, infelizmente, a mesma atenção dedicada aos detalhes raramente é oferecida ao casamento em si.

Estudos mostraram que apenas "37% dos adultos casados participaram da preparação formal do casamento antes da cerimônia, e, de acordo com o National Directory of Marriage & Family Counseling, o aconselhamento pré-matrimonial reduz o risco de divórcio em até 30%. [...] e 41% das pessoas divorciadas disseram que a falta da preparação pré-matrimonial realmente contribuiu para o divórcio delas".[4]

Mesmo assim, muitos casais chegam ao altar sem tratar de questões importantes como a hora certa para ter filhos, *se* terão filhos, se os dois trabalharão em tempo integral, quais serão as responsabilidades em comum, onde irão morar, como adorarão a Deus, como irão lidar com os sogros, ou ainda como irão combinar a renda dos dois.

Casamento tem a ver com administrar e entender as expectativas do outro. Tomara que essa discussão se inicie antes do casamento. Ela requer comunicação, e muita – e constantemente. O nível de comunicação é mais essencial ao casamento do que agrados e desagrados, embora esses elementos sejam importantes. Requer que nos comuniquemos a partir do coração. Você conversou sobre como vão lidar com conflitos e alcançar a solução? Como vão disciplinar os filhos? Você criou um orçamento financeiro ou conversou sobre o gasto arbitrário de sua renda? Essas são apenas algumas prováveis áreas de conflito que precisam ser discutidas para se alcançar um acordo. "Duas pessoas andarão juntas se não estiverem de acordo?"[5] Casamento requer trabalho, e bons casamentos não acontecem simplesmente.

Antes de entrar num relacionamento desse nível, primeiro devemos avaliar nossa vida. Já nos transformamos no tipo de pessoa que estamos buscando? Quais qualidades você traz para o casamento? Ou você está simplesmente procurando o que o outro pode trazer para o relacionamento?

É hora de fazer uma análise honesta para verificar o *check-list* da sua vida. Você se descreveria como maduro, afetuoso, gentil, atencioso, leal, compassivo, transparente, honesto, fiel e diligente? Estas são apenas algumas das características que deveríamos trabalhar continuamente para desenvolver em nossa vida. Pois é somente à medida que nos tornamos íntegros e saudáveis em nossa vida pessoal que podemos nos unir a outra pessoa, a fim de ter um casamento saudável e íntegro.

Infelizmente, é fácil se apaixonar pela ideia de estar apaixonado. Porém, isso não é motivo para casar. O que você está procurando em seu casamento? Estabilidade? Proteção? Aceitação? Ao mesmo tempo que devem ser resultados naturais de um casamento saudável, essas coisas não devem ser o objetivo que o faça unir-se a alguém. A decisão de casar-se deveria vir de uma amizade que desabrochou para o vínculo de intimidade e confiança. Muitos confundem isso com intimidade física ou sexo. É muito mais do que simplesmente sexo, embora a sociedade tente nos convencer de outra maneira. Esse tipo de intimidade surge a partir de um vínculo emocional e espiritual mais profundo de unidade que nasce da comunicação e da transparência, o que cria e sustenta a verdadeira intimidade de um casamento. A intimidade física se torna, então, o vínculo desse compromisso. O casamento é a rede segura de proteção a esse vínculo.

> Casamento tem a ver com administrar e entender as expectativas do outro.

Alguns anos após o ensino médio, eu encontrei com Barbie no trânsito; nós dois estávamos dirigindo. Já éramos amigos, uma vez que frequentamos o colégio juntos, mas não nos víamos fazia algum tempo.

– Ligue para mim qualquer hora dessas – disse ela, com nossos carros emparelhados, esperando o semáforo abrir. Assim que abriu, ela acenou com a mão e acelerou. Acho que eu já estava fisgado. Liguei para a casa dela pelo menos cinco vezes antes de ela chegar. Começamos o namoro pouco tempo depois.

Olhando para trás, vejo que minha falta de transparência já viera à tona naquela época. Aos meus vinte e poucos anos, eu já tinha meu próprio negócio. Cerca de um ano depois de começarmos a namorar, Barbie arrumou um emprego num consultório odontológico que ficava de frente para a rua do meu apartamento. Foi aí que minha falta de transparência começou a vir à tona, já que escolhi manter certas áreas da minha vida fora de discussão.

Por trabalhar tão perto, muitas vezes Barbie usava meu apartamento nos intervalos de almoço. Eu estaria na loja, já bem acomodado ao hábito de trabalhar longas horas. Ali no apartamento, sozinha, ela sempre tentava ajudar a deixar o lugar em ordem, depois de acabar de comer e antes de retornar ao trabalho. Como um cara comum, eu não me preocupava muito com organização, e raramente estava no apartamento, exceto para dormir. Era desorganizado, por isso, sempre havia algo para ela colocar em ordem, se quisesse. Com o passar do tempo, à medida que ajudava a me manter organizado, ela percebeu um padrão em minhas contas. Eu sempre as pagava com atraso. Não era porque não tivesse dinheiro para pagar na data certa, mas porque eu estava muito ocupado fazendo outras coisas. As contas não estavam em primeiro lugar na minha lista, razão pela qual ficavam empilhadas esperando pela hora em que eu chegaria a elas. Certo dia, ela me questionou acerca disso:

— Mike, e aquelas contas? — indagou, ao apontar para a pilha que havia colocado em ordem no balcão. — Você sabe quanto dinheiro gasta por realizar pagamentos atrasados?

Barbie sempre foi a voz da razão. Porém, ela não era minha esposa... pelo menos naquele momento, não. E por fim, visto que as perguntas continuaram, me vi escondendo as contas para que a conversa não surgisse. Para evitar confronto, eu estava escondendo parte de mim da pessoa que eu amava. Entretanto, Barbie estava certa. Eu estava perdendo dinheiro. E se nosso relacionamento continuasse e nos casássemos, essa tendência a afetaria diretamente. Ela estava simplesmente comunicando sua preocupação. Eu escondia. Estava no lado oposto da transparência.

Embora desconhecêssemos à época, já estávamos a caminho do desastre que explodiu após nosso casamento e quando veio a falência. Se tivesse aprendido a ser transparente com a Barbie antes do casamento, eu poderia ter nos poupado de um tremendo desgosto. Caso tivesse conversado com ela acerca das minhas decisões comerciais desde o início, em vez de tê-la excluído, e se tivesse ouvido sua voz da razão, talvez as coisas tivessem sido diferentes. E novamente, talvez não. Não podemos mudar o passado. Porém, agora que entendi o dano que causei ao casamento escondendo dela meu coração e minhas decisões, e uma vez tomada a decisão de ser completamente transparente, algo aconteceu em nossa história. Algo que eu jamais acharia possível.

# A BASE DA TRANSPARÊNCIA

substantivo: **transparência**
trans-pa-rên-cia

1. condição de ser transparente.[6]
   Exemplo: *a transparência do gelo*
2. ser capaz de transmitir luz de modo que objetos ou imagens possam ser vistos
   Sinônimos: translucidez, limpidez, clareza, claridade

---

*Transparência* é definida como o "estado de ser transparente; capaz de transmitir luz de modo que objetos ou imagens possam ser vistos *de um lado a outro* com clareza, sem material que interfira". Outra definição é: "algo não oculto."

Como designer de joias, tive a oportunidade de trabalhar com noivos por décadas. Gosto de comparar transparência com a pureza de um diamante. Os diamantes mais caros e valiosos são aqueles mais transparentes e sem defeito. Basta um defeito microscópico no diamante para reduzir sua transparência, criar rachaduras e instabilidade. Assim também acontece em nossa vida. Mesmo a menor mentira ou a mais leve omissão mudam a pureza de nossa vida, nossa mensagem e nossos relacionamentos. Pode parecer puro a olho nu ou à pessoa comum; mas o defeito está lá. Você e Deus sabem disso.

Um aspecto fundamental nessa discussão a respeito da transparência é a passagem de luz pela pedra. Quanto menos defeitos em um diamante, mais transparente ele será e mais a luz poderá transpassar-lhe para radiar sua beleza natural e sua força. Nossos casamentos não são diferentes. Uma vez removidos os defeitos (falta de perdão) ou rachaduras (segredos) de nosso alicerce para permitir a plena transparência, a beleza verdadeira e a força do casamento podem, enfim, brilhar.

Quanto mais defeitos em um diamante, mais fraca é sua estrutura geral. Quanto mais defeitos ou segredos em um casamento, quanto mais escondemos as coisas, mais frágil é o seu alicerce. Você pode achar que é o único a saber o que está escondendo, mas está errado. Isso é perigoso não só para você, mas para aquele que você ama.

Eu gosto muito dessa analogia do diamante com a transparência. Ela nos dá uma figura perfeita de como o casamento e outros relacionamentos podem se tornar fracos e perigosos quando não damos passos efetivos para reparar os defeitos e as rachaduras. Quando mantemos segredo sobre as coisas ou evitamos que os outros saibam quem de fato nós somos, o resultado final é que vivemos em uma realidade velada, instável e que afeta diretamente nossos relacionamentos. Quanto menos transparência desenvolvermos em nosso casamento, menor será a possibilidade de termos um relacionamento tão forte e sólido como um diamante – a substância mais dura que o homem conhece.

Quando o casal cultiva um casamento transparente, o resultado não é diferente de um belo diamante reluzente que irradia beleza – ele dá a força para nos apoiar nos altos e baixos da vida à medida que a construímos juntos.

Já mencionei que o nível de transparência para qualquer objeto é sua capacidade de permitir que a luz o atravesse. Se olharmos o processo ao inverso, quanto menos luz, mais escuro será o objeto. Não importa quão pequena seja uma luz presente em um ambiente, ela excederá a escuridão, pois "a luz brilha nas trevas, e as trevas não a derrotaram".[7] Você pode entrar na sala mais escura que for com um fósforo que ele a permeará toda. Isso significa que o oposto da transparência e da luz é, então, o ato de encobrir, ou a escuridão. Quando escondemos do cônjuge quem somos, o que estamos pensando ou

> Quando o casal vive esse casamento transparente, o resultado não é diferente de um belo e reluzente diamante que irradia beleza.

mesmo o que estamos fazendo, isso limita o nível real de intimidade e verdade em que caminhamos. Lembre-se de que a transparência é o primeiro passo na edificação de um alicerce sólido.

Um dos pontos mais importantes no dia do enlace matrimonial é o bolo de casamento. A primeira camada do bolo deve ser forte o suficiente para sustentar tudo que virá em cima dela. Ela é a base sobre a qual tudo o mais repousará. Se estiver com defeito ou fraca, fará desabar todas as camadas de cima, e os bonequinhos dos noivos que ficam na última camada vão desmoronar.

A transparência é o fundamento ou a base nos quais se constrói a verdade e a confiança. A verdade e a confiança não podem existir sem a transparência. É vital não somente que jovens casais entendam isso ao ingressarem no casamento, mas se trata de um importante componente aplicável a qualquer casal já casado ou àqueles que estão recuperando-se de um casamento fracassado e desejam viver algo diferente.

O nível de transparência que você alcança no relacionamento está diretamente relacionado ao nível de verdade que experimenta no casamento. Pense nisso: Quanto mais escondemos, menos conversas verdadeiras podemos ter com o nosso cônjuge. Quando pensamos em viver uma vida transparente, automaticamente imaginamos coisas ruins que podem afundar um casamento, como infidelidade ou vícios. Precisamos, sim, falar dessas coisas, mas que tal outras questões menos óbvias, como comunicação, criação de filhos, agenda ou dinheiro? Foi aí que eu realmente estraguei tudo com a Barbie. Achei que a estivesse protegendo ao não ser transparente a respeito de problemas com dinheiro. Era como se eu estivesse dando uma interpretação nobre ao meu pecado de omissão. O que estava fazendo, de fato, era esconder algo que não me dava orgulho de uma pessoa cujo propósito era me apoiar e motivar. Como ela faria isso se nunca soube qual era a minha luta? Eu era como um diamante bruto e defeituoso no modo como tratava a Barbie. Queria de fato reluzir, mas tinha de deixar o Cortador remodelar-me e remover os defeitos ocultos para permitir que a luz irradiasse em meu casamento.

É fácil para os casais deixarem de ser transparentes nas áreas que consideram sem importância ou insignificantes. Porém, descobri que se você não consegue

A BASE DA TRANSPARÊNCIA

ser verdadeiro nas pequenas coisas, torna-se mais fácil deixar de ser franco também nas coisas maiores. Então, a chance de cair em infidelidade ou vícios não é mais uma remota possibilidade. Já está à porta. A transparência, onde nada é escondido, afasta essas tentações.

Qual escolha você fará? Nunca é tarde demais para reforçar a transparência e criar aquele alicerce forte.

## TRANSPARÊNCIA CULTURAL

Acho importante compreender a razão da dificuldade de sermos plenamente honestos em nossos relacionamentos. Não é preciso muita investigação para reconhecer que vivemos em uma cultura que apoia exatamente o oposto. Não apenas apoia, mas também celebra a fraude ou o retrato do que é irreal. Vivemos em uma cultura saturada de mídia, que grita por todos os lados: "Você não é aceitável ou amável do jeito que é. Se soubessem realmente quem é você, não o amariam." Talvez não exatamente com essas palavras, mas o resultado é precisamente igual. Não cremos que as pessoas nos amarão do jeito que realmente somos, então nos escondemos; usamos uma máscara.

Veja alguns dos programas de TV e os *reality shows* mais populares do passado e do presente. Deve haver algum, mas não consigo pensar em um único seriado cômico que retrate a verdade como um jeito de viver. A maioria dos temas desses programas gira em torno de um enredo em que os cônjuges e os amigos tentam sair de um tipo de situação sem dizer a verdade ao parceiro ou ao amigo. Gosto muito das séries: *Everybody Loves Raymond (Todo mundo ama Raymond); O rei do*

67

*Queens; Boa sorte, Charlie;* e até de *I Love Lucy (Eu amo Lucy).* Porém, você percebe o tema recorrente? Todos se baseiam na esposa divertida ou no marido incompetente tentando lidar com uma situação sem que outras pessoas descubram. Sim, eles retratam aspectos da vida real, e todos podemos rir de seus comportamentos bizarros, mas o que estou tentando dizer é isto: Em nossos dias se tornou uma norma esconder dos outros o que está havendo de fato. Deve-se então tomar a decisão de romper com a tendência cultural e tirar a máscara.

## TRANSPARÊNCIA PESSOAL

Creio que este é um lugar excelente para a defesa de uma das ideias mais importantes deste livro. Todos nós queremos casamentos bons, honestos e saudáveis. Como pode haver a expectativa de um casamento transparente quando você não é uma pessoa transparente? Você crê que seus hábitos pessoais mudarão de repente só porque vai se casar? Pare e pense nisso por um momento. Você não pode trazer para um casamento algo que você não é. Pessoas transparentes têm casamentos transparentes. E aqui vai um comentário mordaz. Muitos nem sequer sabem que não estão sendo transparentes. Eu sou o exemplo perfeito. Estava protegendo minha esposa de nossa situação financeira porque eu era um bom marido, e isso é o que bons maridos devem fazer, certo? Não percebi que estava sendo desonesto. Minhas mentiras tornaram-se minha realidade. Meu coração estava no lugar certo, mas minhas atitudes estavam erradas. Nossa cultura molda nossa visão de transparência, mas os hábitos que adotamos em nossa vida é nossa escolha pessoal. Pergunte-se: "Que nível de transparência quero ter comigo mesmo e com meu cônjuge?" Este é o primeiro passo da jornada.

## TRANSPARÊNCIA MATRIMONIAL

Já que mencionamos as camadas do bolo de casamento, a camada da base é a transparência, pois ela é o que melhor representa o primeiro passo para o "felizes para sempre". Essa camada precisa ser pura e forte, sem defeito ou rachaduras. É a base sobre a qual seu relacionamento mais sensível será edificado. Quanto mais você trabalhar essa camada, maior e mais forte se tornará seu alicerce, capaz de aguentar as tempestades e os desafios mais extremos da vida. Não é um ato aleatório. É uma escolha. A transparência deve tornar-se um estilo de vida.

**Nota ao Leitor:**

Vá para o fim do livro (página 207), na seção "Dando o próximo passo", e preencha a avaliação sobre Transparência.

# VERDADE

"E a verdade os libertará."[8]

# CAPÍTULO 6

## NOSSO MOMENTO DA VERDADE

*A verdade é o que estabelece o vínculo que torna a liga em um casamento.*

A verdade é como o leme de um navio. O leme define a rota, mas, por situar-se na parte traseira, dentro da água, não é possível vê-lo em funcionamento. Entretanto, quando está quebrado, você pode, sem dúvida, ver o resultado – um navio saindo da rota. A verdade, como sendo o nosso leme, nos capacita a permanecer na rota certa. Na vida, as coisas acontecem. As tempestades chegam. As pessoas nos magoam. A confiança pode ser quebrada. Mas desde que a verdade seja o leme que guia o navio, você continuará na rota.

Nosso momento da verdade com relação ao roubo que sofremos veio bastante cedo. Estávamos exaustos quando deixamos a loja naquele dia. A primeira limpeza após o assalto foi minuciosa. Mesmo depois de um dia inteiro, as crianças e eu ainda estávamos tentando colocar um pouco de ordem no caos. Entre a busca no lixo e a limpeza de vidros quebrados pelo chão, eu havia passado o dia ligando para a companhia de seguro, chaveiro, companhia de alarme e fazendo o inventário do que fora levado. Embora Barbie tivesse de trabalhar naquele dia, Michael e Melissa vieram para ajudar, mas ainda havia muito a se fazer antes de poder reabrir as portas.

Mas enquanto estávamos na loja, outras coisas estranhas aconteciam. Recebemos diversas ligações em nosso telefone residencial ao longo de todo o dia, e a pessoa desligava tão logo atendíamos. Era um pouco desconcertante, porque eu sabia o que aquilo significava. Os alarmes de segurança são basicamente softwares. Se um ladrão quiser acessar seu sistema de alarme, tudo que tem a fazer é entrar em seu computador. Durante todo o dia, chamadas geradas por computador eram enviadas para soar um bipe em nosso telefone residencial, semelhantemente a um aparelho de fax invertido. Eles estavam procurando a linha de telefone que estava ligada ao alarme de segurança de nossa casa. Se pudessem obter acesso a essa linha, conseguiriam desativá-la.

Por esse motivo, a polícia recomendou que passássemos a noite em outro lugar, no caso de os ladrões tentarem entrar em nossa residência. Não sei o que esperavam ganhar. Eles já tinham levado tudo. Mas talvez não soubessem disso.

Esfreguei a nuca na esperança de aliviar a dor de cabeça que começara no início daquele dia. Ao fazê-lo, olhei para Barbie, que preparava uma mala para passarmos aquela noite fora de casa. O cansaço cobria o seu rosto. A adrenalina que nos impulsionara desde que descobrimos o assalto tinha acabado. Todos nós estávamos sem gás.

Acomodei nossa bagagem no porta-malas do carro e fomos até a casa dos meus pais, um percurso curto. Embora estivéssemos exaustos, saímos para um lanche rápido enquanto contávamos a eles sobre o roubo. Com poucas reservas físicas ou emocionais, fomos para a cama assim que retornamos para a casa deles. Amanhã seria outro dia, e tudo o que eu podia fazer era orar para que fosse melhor.

Lá pelas quatro horas da madrugada, Barbie e eu nos sentamos na cama praticamente no mesmo momento. Alguma coisa não estava bem. Olhei para ela, mas antes que pudesse dizer algo, ouvimos nosso filho. Ele dormira profundamente no sofá dos meus pais, na sala de estar. A voz dele aumentava de volume à medida que ia descendo o hall para o quarto de hóspedes onde Barbie e eu estávamos.

– Mãe! Pai! – exclamou Michael ao entrar no quarto de hóspedes. Pelo tom de sua voz, era óbvio que algo estava errado.

– Acabei de ter um sonho esquisito, mas foi tão real – começou ele. – No sonho, eu caí e bati forte com a cabeça na calçada. Foi tão estranho – terminou ele, claramente abalado. Antes mesmo de podermos discutir as implicações do sonho ou o fato de que todos nós fomos acordados ao mesmo tempo, Michael recebeu uma mensagem de texto de sua namorada.

– Michael, você está bem? Orei por você nas duas últimas horas. Tem algo errado acontecendo?

Conforme Michael ia lendo a mensagem, simplesmente olhávamos para a cara um do outro. Estávamos sem palavras. Era tudo muito estranho. Ainda tenso com a invasão da loja, seguida das estranhas ligações desligadas em nossa cara durante todo o dia anterior, eu sabia que seria impossível voltar a dormir.

– Michael, quer colocar a roupa e vir comigo dar uma olhada na loja? – perguntei, não querendo ir sozinho.

Vestimo-nos rapidamente e logo estávamos no carro, dirigindo de volta à loja que tínhamos deixado apenas algumas horas atrás. Não sei o que eu esperava encontrar. A loja já havia sido roubada. Totalmente. Não restara nada para se roubar, mas naquele momento parecia lógico ir e checar.

Quando paramos o carro na loja, estava tudo quieto. Não precisei entrar. Então resolvi dirigir por mais alguns quilômetros para verificar a loja de um amigo que ficava próxima. Os bipes em nosso telefone me fizeram imaginar se os ladrões tentariam invasões extras em algum outro lugar. Talvez a loja do meu amigo também estivesse em perigo. Não sei o que esperava encontrar, mas em meu coração sabia que havia alguma razão para termos sido acordados todos no mesmo horário.

Fiz o breve percurso até o local, mas estava tudo tranquilo. Eu estava confuso e preocupado, mas não sabia o que mais poderia ser feito. No caminho de volta para casa, Michael e eu falávamos sobre o sonho, tentando entendê-lo. Como ele se encaixava nesse quebra-cabeça? Um telefonema da polícia aproximadamente uma hora mais tarde nos deu a dica que faltava.

– Alô, senhor Letney? Aqui é do Departamento de Polícia de Tulsa. Acho que achamos seus cofres.

À medida que eu considerava esse novo episódio, minha mente começou a trabalhar a mil por hora. Eu tinha perguntas, muitas perguntas, mas enquanto o policial ainda estava ao telefone, comecei pelas mais óbvias.

— Eles estão danificados? — perguntei. O que eu queria mesmo saber era se os ladrões tinham obtido sucesso na tentativa de chegar ao conteúdo do cofre.

— Bem, as portas de um deles foram arrancadas e as do outro estão bastante danificadas — disse ele, conforme informava o pouco que sabia. — Meu companheiro e eu íamos em direção ao norte na Rua Lewis e tínhamos acabado de passar pelo cruzamento. Estava vazia naquele momento, mas apenas 10 a 15 minutos depois, voltávamos pelo mesmo cruzamento, e os cofres estavam no meio da rua, bloqueando o caminho. Quase nos chocamos contra eles.

À medida que a conversa progredia, fiquei sabendo que havia um lago perto dali que se tornara uma área na qual os ladrões se livravam de evidências. O policial explicou que havia muita probabilidade de que a pessoa que invadiu minha loja e roubou os cofres estivesse a caminho de jogá-los no lago. Os cofres pesados devem ter escorregado do caminhão e caído no asfalto.

— Que horas você os encontrou? — perguntei.

— As quatro da madrugada — respondeu o policial. Era o mesmo horário que Barbie e eu tínhamos acordado e que Michael teve a experiência do sonho em que ele caiu e bateu a cabeça no asfalto, igual aos cofres que caíram e bateram no asfalto. A correlação era evidente. Mas o que significava isso tudo?

Naquele momento, ainda estávamos nos esforçando para entender a realidade de que tudo de valor da loja havia sido roubado. O que fazer quando, no percurso da vida, algo que você valoriza lhe é tirado? Embora você nunca tenha tido uma loja, a casa ou a empresa invadida, no sentido literal, todos nós temos coisas que nos foram roubadas. Para mim, meu estoque e ganha-pão foram roubados da noite para o dia. E você? Talvez o "estoque" roubado de sua vida tenha sido algo tangível. Talvez seu carro, ou sua carteira. Vamos aprofundar mais; talvez tenha sido sua saúde, ou seu cônjuge. Às vezes, o que é roubado de nós não pode ser visto. É intangível, mas tão real e devastador quanto o tangível. Talvez o que tenha sido roubado foi sua capacidade de confiar, sua reputação ou a sua esperança.

Quando pensamos nisso, descobrimos que todos nós temos coisas tangíveis e intangíveis que nos foram roubadas uma vez ou outra. E quando entrei em minha loja no dia seguinte ao Natal e descobri que todas as joias haviam sido levadas, o pior foi que a parte da empresa que ficava mais reservada e escondida fora invadida quando eles acharam os cofres e os levaram. Isso leva à pergunta: você já teve a parte mais valiosa ou pessoal de sua vida violada, aquele lugar que julgava ser seguro e protegido?

Levariam várias semanas até eu aprender a aceitar e lidar com o dano mais profundo que os ladrões haviam infligido. Pois, em última análise, o que eles tiraram de mim naquele dia era muito mais valioso do que as joias. Eles roubaram minha autoconfiança, minha confiança nas pessoas e, pior ainda, minha esperança.

Teria sido fácil deixar o desespero e a depressão tomarem conta de mim naquela época. Eu já os conhecia bem, pois, antes da falência anterior, eles se tornaram companhias comuns. Em 1999, passei três meses incapaz de me levantar da cama e agir. A lembrança daquela época de escuridão fez com que um pavor involuntário atravessasse meu corpo. Eu não estava disposto a ir para lá de novo. Tomei a decisão imediata de que não chegaria ao fundo do poço, independente das circunstâncias.

Sei que você pode se identificar com essas palavras, porque todos nós já tivemos esses momentos em que algo inesperado nos atinge e faz nosso mundo girar. Talvez você não tenha conseguido o emprego que queria, foi demitido, recebeu um laudo devastador do médico ou alguém muito próximo morreu.

Talvez tenha vivenciado a traição. A vida acontece de repente. Às vezes, do nada, a vida se torna como o que ocorreu com meus cofres. Uma área que pensamos estar protegida e ser impenetrável de repente é atingida ou afetada. Algo ou alguém penetra profundamente em uma porção de nossa vida que pensávamos ser segura, e de repente percebemos que essas áreas não somente eram vulneráveis, mas que também se foram. Sem aviso, somos deixados a lutar contra a destruição de seu rastro. Quando isso acontece, temos uma escolha a fazer. E essa escolha nas encruzilhadas é inacreditavelmente importante para a direção que você seguirá. Nesse momento, deixe-me encorajá-lo a permanecer no passo da verdade.

É aqui que muitas vezes podemos perder. Por que a verdade é tão importante nesse estágio? Porque, lembre-se, ela é o leme de seu navio... ou deveria ser. A verdade é a verdade. Ela não é cinza. É preta ou branca. Não é sujeita à interpretação, e por isso permanece constante. A verdade permanece firme. Quando vamos além da verdade, adotando ou falando uma mentira, mesmo que apenas uma mentirinha, o chão firme da verdade é removido e resvalamos para a areia movediça. Quando mentiras, engano ou vingança entram em um relacionamento, é preciso outra mentira e outra ação para encobri-los. É necessário esforço para lembrar-se do que foi dito para encobrir a mentira, e também planejamento para certificar-se de que tudo se encaixe. Gasta-se mais energia para começar uma mentira e mantê-la do que para permanecer na verdade. Então, por que evitamos a verdade? Essa é mesmo uma boa pergunta. Às vezes, como no caso de uma traição, não queremos encarar a realidade. Se você foi traído por alguém que ama, às vezes é mais fácil ignorar os fatos e viver em uma mentira. Porém, isso apenas adiará o inevitável. A verdade sempre virá à tona. Um dia, ela terá de ser tratada para remover a areia movediça e retornar a um alicerce firme.

Talvez você seja uma pessoa que perpetuou uma traição. Uma oportunidade se apresentou, e você entrou pela porta. Parecia correto naquele momento, mas você teve de se desviar da verdade para entrar na areia movediça. Uma vez dado o passo para desviar-se da verdade, a justificação se torna o modo de operação.

Quando comecei a mentir para Barbie em nosso casamento, foi com algo que eu achava muito insignificante, de modo que em minha mente era fácil justificar. Algo tão pequeno como uma taxa bancária, mas não lhe contei. Foi uma mentira por omissão. Eu não tinha ideia de que esse pequeno passo para as águas turvas do engano acabaria me levando ao ponto em que eu estava encobrindo o fato que estávamos vivenciando. O que começou como a menor fissura em nosso alicerce – ao virem as águas dos desafios da vida e penetrarem a rachadura fina – acabou corroendo-se até ficar do tamanho de um desfiladeiro. Uma vez perpetrada a mentira, outra será necessária para encobri-la, e depois outra. No final, é difícil saber onde termina a verdade e começa a mentira, porque ela se tornou muito complexa. Não tenho orgulho dessa fase da minha vida, e se puder dar um pequeno conselho para poupar você e sua família da dor de cabeça que causei, o conselho seria: Lembre-se de que as coisas que você faz na vida não afetam apenas você. Escolher cruzar a linha que separa a verdade da falsidade não é diferente de escolher andar sobre uma linha suspensa nas Cataratas do Niágara. É perigoso. Um passo errado e

> Sua traição afeta aqueles que estão à sua volta, especialmente os que você ama.

poderia ser o fim. Mas o que precisa perceber é que você não está sozinho naquela corda bamba quando decide deixar a verdade e trair quem ama. Seu cônjuge está sendo carregado em seus ombros. Se tiver filhos, adicione-os à mistura. Por quê? Porque sua traição afeta aqueles que estão à sua volta, especialmente os que você mais ama. Nunca é somente o risco que *você assume*. É uma decisão egoísta que terá efeitos duradouros para todos os que estão ao seu redor.

Ao se casar, você tem uma responsabilidade com a transparência e a verdade. Antes de desviar-se para a areia movediça do engano e das mentiras... pense duas vezes.

Semelhantemente ao exemplo acima, a traição pode assumir muitas formas diferentes, mas no geral é um processo em que a verdade e a integridade são, aos poucos, comprometidas. Podem ser coisas pequenas como uma mentira "branca" aqui ou uma omissão de fatos ali, mas, antes que perceba, é como aderir à doutrina do meio-termo. No final, com o passar do tempo, seu DNA muda, e você pode perceber que está com água acima da cabeça.

Quando não oferecemos verdade em um relacionamento, isso é traição. E quer aceite isso como verdade ou não, o que você faz na vida profissional é o que também faz na vida pessoal. Se faltar integridade em seus relacionamentos profissionais, também faltará nos relacionamentos pessoais, porque o que você é determina o que você faz.

Depois do roubo, tive de determinar o que faria. Embora tivessem levado todos os bens da minha empresa, os ladrões não foram capazes de levar minha integridade ou meu compromisso com a verdade. O modo como eu sairia dessa situação iria determinar o roubo ou não de minha reputação. Mas esse era um passo que dependia de mim.

\*\*\*

Chamei meu chaveiro para que recuperasse os cofres. Eu estava bastante assustado pelo fato de terem sido achados. Realmente ousava ter esperança de que havia sobrado algo? O policial disse que as portas de um dos cofres estavam destruídas, mas o outro ainda estava com elas. Tão logo pudesse transportá-los para o depósito do meu chaveiro, este teria o equipamento necessário para abrir o cofre que não fora violado. Lembro-me da conversa que Barbie tivera comigo um dia antes, depois de eu tê-la informado do roubo. Ao desligar o telefone, ela ligou imediatamente para o grupo de oração de um ministério com o qual fomos intimamente ligados durante um tempo. Ela discou quatro vezes antes de acertar os números, e finalmente conseguiu falar com uma mulher do grupo de oração. Após dar detalhes do que sabia sobre a invasão da loja, a perda das joias e de nossos documentos pessoais, ela também mencionou o colar de safira ultraespecial que eu fizera para ela e que estava no cofre.

> Quando não oferecemos verdade em um relacionamento, isso é traição.

Depois de orar com Barbie, a mulher lhe fez uma declaração audaciosa:

— O Senhor me mostrou que todos os seus documentos pessoais serão recuperados com o colar, e que isso lhe será um sinal de que ele é com você.

Barbie agitou-se, incapaz de segurar as lágrimas. Ela sabia que para isso acontecer seria preciso um milagre.

Lembrei-me dessa conversa enquanto Michael e eu nos dirigíamos ao chaveiro. Ele já tinha pegado os cofres e estava me aguardando no depósito para mexer neles. Parei no prédio dele, e mesmo de longe pude ver que estavam realmente arrebentados. Coloquei minhas chaves no bolso ao caminhar em direção ao Rex e cumprimentá-lo.

– Vamos começar – disse ele ao iniciar o trabalho no cofre que ainda tinha as portas. Seria possível que as coisas ainda estivessem lá dentro? Não levou muito tempo para a chama de esperança ser extinta, já que as portas espessas foram retiradas sem qualquer esforço. Meu coração parou. Eu podia ver lá dentro que os saquinhos plásticos, que outrora haviam guardado as pedras preciosas e as peças exclusivas, haviam sido esvaziados de seus tesouros e jogados de volta no cofre. Michael e eu vasculhamos os fragmentos, peça a peça. Entretanto, todos os saquinhos estavam vazios. Uma mescla de ira e desespero se manifestava dentro de mim, já que em minha mente passava tudo o que fora roubado. Na realidade, fora levado muito mais que simplesmente meu estoque e as joias dos meus clientes. Levaram a minha esperança de um dia recuperar-me totalmente da perda financeira que começara com a falência seis anos atrás. O desespero era como um leão insaciável, e suas mandíbulas estavam escancaradas, devorando-me mais uma vez.

– Olha isso, pai! – exclamou Michael, ao puxar um punhado de papéis. Estiquei o braço para pegá-los de sua mão e cravei os olhos, cético. Eram todos os nossos documentos pessoais. Registros de nascimento, passaportes, papéis do seguro. Todos. Nenhum fora levado. Os ladrões certamente procuraram apenas os saquinhos plásticos com as joias. Quando estávamos finalizando o processo, Michael puxou mais alguma coisa – um envelope simples branco, selado. Ao passar-me o envelope, algo chacoalhou e fez barulho.

– O que é isso? – perguntou ele.

Rabiscos na parte de trás revelavam as palavras escritas à mão por Barbie: *Mike, leve para a loja.* Com mãos trêmulas, peguei o envelope e o rasguei para abrir. Eu sabia o que estava dentro. E do envelope veio deslizando o colar de safira exclusivo que eu havia feito para Barbie. Era inacreditável. Era a única joia que não haviam roubado. As palavras da mulher que havia orado por Barbie vieram rapidamente à minha mente: *"O Senhor me mostrou que todos os seus documentos pessoais serão recuperados com o colar, e que isso lhe será um sinal de que ele é com você."* Naquele momento, eu ouvi o Senhor falar-me as mesmas palavras que ele dissera quando descobri que os cofres haviam sido levados: *Confie em mim, eu estou com você. Não tem a ver com você, tem a ver com o local para onde estou levando você. Tem a ver com seus filhos e a geração dos filhos dos seus filhos. Preciso que você confie em mim.*

Não havia como entender aquelas palavras naquele momento, mas eram palavras nas quais nos agarraríamos pelos próximos três anos. Não tínhamos ideia de que as coisas ficariam piores, muito piores, antes de melhorarem. Essa montanha-russa estava apenas começando.

# CAPÍTULO 7

## A VERDADE É A VERDADE

A verdade acerca da verdade é que ela pode ser dolorosa, nociva, destrutiva e, às vezes, até catastrófica. Aparentemente, isso não soa como algo do qual estou disposto a participar. Na realidade, soa totalmente horrível. Então por que ir lá?

Uma das definições de verdade é "aquilo que se conforma à realidade". E se a realidade for algo que preferimos não saber? Você já ouviu o ditado: "A ignorância é uma bênção?" É muito verdadeiro. E se a realidade de uma situação for pior do que, simplesmente, ignorá-la? Por que sondar a verdade se isso vai machucar ou causar dor?

Ouvi casais que lidam com a infidelidade conjugal dizerem que foi mais fácil lidar com a traição antes de saberem dos fatos. Uma vez vindo à luz, a verdade fez com que o mundo deles viesse abaixo. Embora eu concorde que às vezes a verdade possa ser dolorosa, asseguro que dói menos do que não ter conhecimento dela e permanecer no escuro. Por exemplo, e se eu tivesse uma doença terminal e escolhesse não saber? Se eu escolhesse seguir em frente e viver a vida como se tudo estivesse bem e como se eu não soubesse. Seria melhor assim? Com certeza não. Embora fosse difícil de aceitar e dolorosa de admitir a realidade do diagnóstico médico, eu gostaria de conhecê-la o mais rápido possível, de modo que pudesse lidar com a situação. Somente assim eu teria possibilidade de obter o tratamento necessário e, quem sabe, viver o restante da minha vida sem medo do desconhecido.

Às vezes, protelar a dor que pode acompanhar a verdade atrapalha a capacidade de mudar o resultado se a verdade for ignorada. A verdade traz luz. A verdade o libertará.

Vamos considerar a situação de saúde mais uma vez. Digamos que eu escolhesse ignorar a verdade. Isso muda a situação? Se decidisse ignorar a verdade de um diagnóstico desafiador, não significaria que eu estaria saudável. Isso não faz a doença ir embora. Do mesmo modo, se escolhermos continuar não tomando conhecimento da verdade de alguma situação em nossa vida, isso não muda a realidade. E como podemos esperar ter uma mudança positiva na situação se não começarmos a enfrentá-la? A negação, ou a recusa de encarar a verdade, é um mecanismo natural de enfrentamento desenvolvido em nosso espírito humano. Porém, é profundamente nocivo a todas as partes envolvidas, inclusive a nós mesmos, quando escolhemos essa resposta. Devemos estar dispostos a ser honestos com nós mesmos, a viver uma vida saudável e basicamente feliz. A verdade, embora às vezes dolorosa, oferece a plataforma para a cura.

Posso dizer-lhe que foi doloroso encarar a verdade de que eu não havia ligado para a companhia de seguro para aumentar nossa cobertura antes do assalto.

A VERDADE É A VERDADE

Foi doloroso encarar a verdade de que havíamos perdido nossa estabilidade financeira e que essa falência poderia, mais uma vez, interferir em nosso futuro. Mas ignorar a realidade não a mudaria. Tudo que podíamos fazer era atravessá-la passo a passo para chegar ao outro lado. Embora sentisse que chegaríamos ao fundo do poço mais uma vez, eu não deixaria que ela nos mantivesse lá.

Depois do roubo, tivemos que olhar honestamente para nossa situação financeira. Meio milhão de dólares em joias havia sido roubado, e nós tínhamos somente 250 mil dólares de seguro disponível. Era uma dura realidade, mas era necessário enfrentá-la. Ignorar a verdade não a faria ir embora. Tínhamos de aceitar os fatos para lidar com eles. Porém, nos recusávamos também a aceitar a derrota. Aceitar a verdade não significa que você tenha de aceitar a derrota. Pelo contrário, isso provê a você um lugar sobre o qual caminhar firmemente na busca por respostas. Nós estávamos buscando respostas.

O trabalho para limpar a loja e repor o estoque a fim de poder abri-la novamente demandou tempo, esforço e sacrifício. Estávamos destruídos. Porém, não era nada comparado ao tempo, esforço e compromisso necessários para limpar o dano causado aos meus sonhos, esperanças e família. Estávamos uma vez mais no fundo do poço, e eu não conseguia ver a saída. Agradeço a Deus pela Barbie. Ela foi minha força e meu apoio mais uma vez. Não sei como poderia ter vencido isso sem ela. Eu deveria ter sido a rocha, mas havia uma questão, difícil de admitir como homem: a força e a flexibilidade dela nos mantiveram capazes de pagar as dívidas. Sou muito grato por uma esposa que consegue continuar comigo, andando de braços dados, a fim de que possamos achar a saída, uma após a outra. Somos, de fato, um time.

É isso que um casamento deveria ser. Em qualquer relacionamento haverá momentos em que um é forte e o outro, fraco. Quando um é atingido pela adversidade, o outro é capaz de segurar a corda e ser o lado forte do casal. Com o tempo, a situação pode ser inversa. Porém, no casamento, vocês devem ser como um time, permanecendo juntos e encarando cada obstáculo. O modo como vocês lidam com a adversidade juntos é uma escolha.

Logo depois do assalto eu não tinha muito para oferecer à Barbie emocionalmente. Toda a minha energia estava devotada em como encontrar um jeito de permanecer nos negócios e fazer dinheiro para nossa família. Entretanto, mais ainda, eu estava lutando com minha identidade, que por muito tempo havia sido definida pelo sucesso da minha empresa. Percebi que havia baseado meu sentimento de sucesso no que fazia e não em quem eu era. Esse é outro elemento da verdade. Precisamos ser verdadeiros conosco. Minha maneira de definir o sucesso era medida pelo modo que eu atuava em minha empresa. Aquilo, porém, era impreciso. Minha empresa não era *quem* eu era. Era o que eu fazia para ter sustento. Não era a soma total de mim. Muitas vezes recebemos nossa identidade a partir de nossas funções profissionais e nosso desempenho. Como consequência, quando alguma coisa nesse cenário dá errado e perdemos nosso emprego, ou sofremos corte de salário ou não atingimos a promoção que esperamos, se todo o nosso sentimento de dignidade estiver embasado em nossa posição, ele nos fará despencar. Cremos que nossas famílias nos amarão somente se tivermos sucesso – se "mandarmos bem". Se isso for verdade para você, quero lhe dizer que o seu relacionamento é muito superficial. Não creio que a maioria das pessoas ame seus cônjuges pelo salário que eles trazem para casa. Embora se possa obter a sensação de segurança e proteção com o salário, a realidade é que o amor não se baseia no tamanho da renda, mas na transparência e na verdade sobre as quais se construiu o relacionamento. Pense nisso por um momento.

Eu me vi lutando com essas questões importantes de continuar transparente com a Barbie e caminhar em verdade quanto ao que aceitava e esperava de mim mesmo. Acho que chegamos a um ponto na vida em que devemos tratar essas

> Aceitar a verdade não significa que você tenha de aceitar a derrota.

questões. Por fim, voltei às palavras que Deus me falara quando ocorreu o assalto na loja: *Confie em mim*. Eu tinha duas alternativas: aceitar ou rejeitar essas palavras. Eu confiava nele? Meu relacionamento com ele estava fundamentado na verdade? Qual era a verdade? Ele me amava? Se afirmativo, por que ele permitiu que isso acontecesse? Não fazia sentido. Então eu tinha de fazer uma escolha.

Há momentos em todo relacionamento em que a situação fica difícil. Quase sempre é por causa de uma influência externa que produz estresse. Como quando se espreme um limão, a pressão acabará causando uma reação que pode desencadear um efeito dominó.

Águas tempestuosas serão parte da jornada trilhada no casamento. Não é questão de "se", mas "quando". Há inúmeras circunstâncias que um casamento enfrenta que estão completamente fora de nosso controle. Elas podem dissolver a relação ou edificá-la. A transparência e a verdade são forças orientadoras quando as corredeiras turbulentas da vida começarem a arremessar o barco do seu casamento de um lado para outro. A resposta realmente é muito simples. A unidade ultrapassa a individualidade.

*É melhor ter companhia do que estar sozinho, porque maior é a recompensa do trabalho de duas pessoas. Se um cair, o amigo pode ajudá-lo a levantar-se. Mas pobre do homem que cai e não tem quem o ajude a levantarse! E, se dois dormirem juntos, vão manter-se aquecidos. Como, porém, manter-se aquecido sozinho? Um homem sozinho pode ser vencido, mas dois conseguem defender-se. Um cordão de três dobras não se rompe com facilidade.*[9]

Essa é a definição de unidade em um casamento. Dois se tornam um. Não são dois que se unem e continuam dois. Eles são um. Dois se unem para criar uma nova unidade, duas identidades distintas juntando-se e funcionando como uma. Foi com esse caminho que me comprometi em nosso casamento, e ele nunca oscilou durante esse período. Sei que é porque escolhemos nos unir em direção a Deus e investir em nosso casamento e um no outro durante esse tempo difícil.

Embora não tivéssemos os recursos financeiros para pagar alguém, buscamos um conselheiro que pudesse assumir o controle conosco e ajudar-nos – principalmente a mim – a processar tudo o que tinha acontecido. Eu havia trilhado o caminho da depressão antes e sabia que não queria voltar para ela. Foi necessária ajuda externa para eu conseguir sair daquele poço. Minha recomendação não basta. Há vezes em que precisamos de ajuda. (Visite meu site: www.michaelletney.com e vá para a aba "Resources", onde há uma lista de livros, recursos, conselheiros e organizações em inglês que podem oferecer auxílio para ajustar qualquer orçamento.)

Deixe-me acrescentar também que, quando um casamento atinge a crise, começamos a buscar ajuda emocional e direção. Isso pode fortalecer seu casamento ou abrir a porta para problemas posteriores. Não posso enfatizar suficientemente a importância de encontrar ajuda quando se está em uma tempestade. Porém, é importante que você a busque em meios apropriados. Quando se está sofrendo, é natural ao ser humano buscar por ouvidos compassivos que o escutem. Em uma crise, sempre somos vulneráveis e nos tornamos suscetíveis a coisas que nunca teriam adentrado nossa mente antes.

Maridos, não busquem conselho de sua secretária ou colega (sexo feminino) de trabalho. Esposas, seu colega (sexo masculino) de trabalho não é a pessoa com quem você deveria estar derramando o coração. Nem seu casamento ou crise deveriam ser submetidos a uma sessão de análise junto aos amigos ou família. Lembre-se de que você e seu cônjuge são um time. Carreguem isso bem perto do coração e protejam seu relacionamento enquanto buscam respostas... juntos.

Enquanto eu lutava para sair desse buraco e andar pela trilha que chamamos de "normal", Barbie e eu achamos um conselheiro que pudesse assumir o controle conosco e ajudar-nos a passar pelos desafios. Isso nos deu uma nova perspectiva e oportunidade de curar e processar tudo o que havia acontecido. O processo de aconselhamento chegou a um ponto em que eu tinha de reconhecer que, de fato, meus alicerces tinham rachaduras. Dentro daquelas fissuras estavam a ira, depressão, frustração, medo e negação. Eu havia permitido que medidas equivocadas e circunstâncias do passado criassem dentro de mim um sistema de raiz nocivo. Essas "raízes" estavam estrangulando o novo crescimento positivo e a minha cura. Eu tinha justificativas para muitas das minhas atitudes erradas. O que se tornou mais evidente foi que aquelas raízes precisavam ser removidas antes que eu pudesse, de fato, seguir adiante. Tive de aprender novas respostas para que não continuasse repetindo os mesmos erros. Não queria que o meu passado ditasse o meu futuro. O processo para reparar o alicerce tinha a ver com ir para outro nível.

# CAPÍTULO 8

## ENCARAR A VERDADE SIGNIFICA ENCARAR OS GIGANTES

Para encarar a verdade, às vezes temos de encarar o nosso passado. Para mim, isso incluía um período em 1985. No assalto à loja no dia de Natal, não foi a primeira vez que tivemos coisas levadas de nós. A primeira vez foi muito mais próxima e pessoal.

Minha primeira loja era muito pequena, o quadro de pessoal se resumia a mim, um jovem de 22 anos, que estava apenas iniciando a vida profissional, e outro empregado, um rapaz de 19 anos. Estávamos funcionando havia seis meses e tudo ia muito bem quando um homem entrou na loja, já pelo showroom, e em segundos estava atrás da minha bancada de trabalho, com uma Beretta automática .380 apontada para a minha cabeça.

— Vocês sabem do que se trata. Vamos! — apressou ele enquanto jogava algumas fronhas para nós.

Dirigimo-nos para o showroom da frente e começamos a encher as fronhas com joias enquanto ele apontava a arma para nós. Ele observava em silêncio enquanto trabalhávamos, e quando se satisfez em ver as vitrines vazias, apontou para minha bancada.

— Me leva até a porta dos fundos — disse ele.

Caminhamos na frente dele em direção à porta dos fundos, ainda carregando as fronhas. Tentei não fazer nada que o fizesse atirar. A loja possuía seguro, e eu não estava preocupado com o que ele levara até aquele ponto. Foi o que ele faria em seguida que me deixou nervoso.

Removi a trava de segurança da porta e abri-a. Afastamo-nos para que ele pudesse sair. Ele pegou as fronhas das nossas mãos e deu dois passos em direção à porta. Inesperadamente, virou-se e entrou de novo na loja. Ele me olhou nos olhos ao elevar a pistola à minha cabeça. Ali ele a manteve pelo que me pareceu uma eternidade. Era visível que ele estava relutando com a decisão de puxar o gatilho ou não. Eu orava em pensamento, mas mantive o olhar fixo nos olhos dele. Finalmente, após vários segundos, ele abanou a cabeça, virou-se e desceu para a rua. Em um instante estava acabado, mas o resquício do que ele introduziu em minha vida permaneceria por anos. Medo.

Sempre ouvi falar disso em situações de crise em que a vida passa como flashes diante dos olhos. Hoje, estou do lado de quem experimentou e posso confirmar que a frase é verdadeira. Tudo aconteceu muito rapidamente, mas não havia dúvida naquele momento de que nossa vida estava na balança. Percebi como a vida pode ser roubada rapidamente e como o medo pode entrar. Passados todos esses anos, não percebi como isso ainda me controlava. Foi somente agora, quando Barbie e eu estávamos em um programa de aconselhamento por causa do segundo roubo, que pude ver como ainda estava lidando com os resultados do primeiro. Entretanto, o medo não era a única questão perturbadora – a desonestidade, a culpa, a vergonha, a paranoia e o orgulho eram todas coisas do meu passado que ainda estavam enterradas e aumentavam a rachadura em meu alicerce.

Pela primeira vez em meu casamento, ao me sentar com Barbie e o conselheiro, eu estava disposto a me aprofundar e assumir a verdade e os fracassos em minha vida. Fui capaz de reconhecer essas áreas que se tornaram fortalezas. Porém, não era o suficiente reconhecer que elas existiam. Até que fossem removidas, eu jamais poderia ser o marido que Barbie precisava. Essa era outra verdade que, a princípio, foi uma pílula mais amarga de engolir.

Eu sempre havia me considerado uma pessoa boa. A falta de transparência e os erros que havia cometido em meu casamento não foram por má-fé para com Barbie ou qualquer outra pessoa. Mas enquanto eles existissem em minha vida, eu jamais seria o homem que deveria ser.

Agora que essas raízes, que haviam penetrado no alicerce de minha vida, tinham sido expostas, eu precisava saber como elas poderiam ser removidas. O processo de cura pode parecer diferente para cada pessoa, mas para mim não poderia ocorrer até que eu estivesse disposto a voltar a cada uma dessas situações e ver o que havia acontecido.

Já houve momento em sua vida em que uma espécie de véu foi removida e você teve condições de ver claramente o outro lado da realidade?

Esse se tornou um momento de verdade em meu processo de cura, já que eu estava disposto a realmente olhar para o que tinha acontecido. Foi então que pude ver claramente que os obstáculos que haviam se formado com o passado tornaram-se uma prisão, porque não foram tratados à época.

Quando fechei os olhos e orei, experimentei um momento de cura. Era como se eu tivesse sido transportado para um lindo e majestoso pasto verdejante. Era um lugar de paz que atuou como um calmante em minha alma. Inspirei ar fresco. O céu estava com um azul brilhante, e uma brisa quente e calma fazia a grama balançar.

No centro do pasto havia um casebre. Ele destoava totalmente do cenário tranquilo do pasto. O telhado estava afundando, as paredes desmoronando e as janelas quebradas. Eu podia sentir o odor desagradável que vinha de dentro da casa. Não havia porta, e quando olhei para dentro, me vi acorrentado a uma cadeira. Eu estava velho, cabelo grisalho e certamente morrendo. Pior, eu estava totalmente sozinho.

Mas era eu?

*"O que estou fazendo aqui? O que é isso?"* – pensei.

Todos nós já não fizemos essas perguntas uma vez ou outra na vida? Quando nos vemos em um lugar de crise, nossa reação imediata é gritar por socorro. Porém, e se o socorro não vier? E se descobrirmos que estamos sozinhos?

O primeiro assalto e falência seguidos do assalto do Dia de Natal me fizeram sentir como se eu estivesse sozinho, amarrado à cadeira, sem nenhuma saída. Senti-me como se estivesse morrendo com o fardo financeiro, o medo e o fracasso que repousavam sobre meus ombros. Foi então que eu o vi. Ele não estava na casa comigo, como eu esperava. Ele estava do lado de fora, olhando-me através das janelas fechadas, gesticulando para eu sair do casebre. Mas eu não conseguia. Estava acorrentado.

— Ajude-me! — gritei desesperado. No mesmo instante, ele estava ao meu lado. Ele quebrou as amarras, lançou-me sobre seus ombros e carregou-me para fora da casa. Foi então que percebi que nunca havia andado sozinho. Ele sempre estivera ao meu lado, carregando-me, Aquele que é mais chegado que um irmão.

Quando estávamos seguros do lado de fora, a estrutura pegou fogo e caiu ao chão, desaparecendo completamente. Agora, fora da prisão, eu relaxei. O peso enorme que eu carregava tinha sido retirado de cima dos meus ombros. Sentei-me na grama e deixei que a luz do sol aquecesse meu corpo, enquanto a brisa passeava à minha volta. Uma confortável paz veio sobre mim à medida que percebi que as amarras não mais existiam, não mais, e tampouco a prisão. Eu estava livre. Senti-me vivo novamente.

# OS PASSOS DA VERDADE

---

substantivo: **verdade**

ver-da-de

1. A qualidade de ser verdadeiro; como: (a) Conformidade ao fato ou realidade; concordância exata com aquilo que é, foi ou será[10]
2. O estado ou natureza de ser verdadeiro.[11] Fidelidade, constância
3. Sinceridade em ação, caráter e discurso; a condição de ser transparente[12]

   Sinônimos: exatidão, verdade, honestidade, precisão

---

O segundo passo rumo à unidade no casamento é a verdade. Um dos aspectos mais importantes da verdade é como ela se relaciona com o passo anterior, que é a transparência. A verdade não existe nem pode existir sem transparência. Se algo está escondido, não é revelado e exposto à luz. Você consegue perceber a importância de cada passo como base do seguinte? Lembra-se da analogia com o bolo de casamento? A segunda camada do bolo, a verdade, não pode firmar-se ou existir sem a primeira camada da transparência estar firme, sólida e intacta. A definição de verdade relaciona-se com o que pode ser provado como factual ou real. É muito simples: Se algo não é verdadeiro, é falso.

Lembro-me de quando tínhamos um teste na escola. As respostas tinham de ser "V" de verdadeiro ou "F" de falso. Líamos a sentença e, se houvesse alguma declaração falsa, toda a sentença era considerada falsa. Se respondesse com "V", você errava. O fato de parte ser verdadeira não tornava toda a sentença verdadeira. Se alguma parte dela fosse falsa, mesmo que uma única palavra, toda a sentença era falsa. Você tinha de ler a sentença palavra por palavra e então examinar ela *toda* como verdadeira ou falsa.

Em algum momento, com o passar do tempo, nossa sociedade se afastou da verdade total, que é branca e preta, e entramos em um mundo cinza de meias-verdades parciais ou convenientes. Certa vez perguntei a opinião de um líder empresarial sobre um assunto simples, porque eu não havia entendido a sua posição. Ele disse que eu estava pedindo uma resposta preta e branca, quando o mundo era praticamente todo cinza. Senti-me como se estivesse conversando com um político que diz a todos o que eles querem ouvir, de modo que não perca nenhum voto.

> Uma das características da verdade é que ela não precisa de nada além de si mesma. Ela não precisa de desculpas ou motivos para sua existência.

É parecido como quando sentimos que necessitamos amparar a verdade porque ela precisa de algo para ajudá-la. Porém, uma das características da verdade é que ela não precisa de coisa alguma, exceto de si mesma. A verdade se sustenta sozinha. Ela não necessita de desculpas ou motivos para sua existência. Gosto de retratar a verdade como uma grande torre de TV ou rádio, que se pode avistar a quilômetros e quilômetros de distância. Somente a torre da verdade não precisa de nenhum cabo-guia de desculpas ou manipulações para mantê-la em pé quando o vento sopra. Não há cordas amarradas. A verdade não precisa de mais nada. Verdade é liberdade. O apóstolo João declarou: "E conhecerão a verdade, e a verdade os libertará."[13] Quando seu casamento está alicerçado na verdade, você não tem de lembrar-se de mais nada para distinguir uma da outra.

Falar a verdade tem a ver com honestidade. Um amigo verdadeiro é alguém que lhe dirá o que você precisa ouvir, em vez de dizer apenas o que você quer ouvir. Mas esse passo também deve ser aplicado com gentileza, especialmente em relação ao nosso cônjuge.

Quando você e seu cônjuge praticam e vivem em profunda verdade, vocês começam a viver em liberdade. Isso pode elevar a vida de vocês dois a um nível de paz, unidade e bênção muito além do que jamais sonharam. Não consigo imaginar minha vida sem minha confidente e melhor amiga Barbie. Agora que aprendemos a caminhar em transparência e verdade, a intimidade e a profundidade da alegria que recebemos apenas por estarmos juntos não podem ser traduzidas em palavras. É claro que ainda temos de trabalhar aspectos problemáticos, já que individualmente e juntos estamos sendo refinados e capacitados, porém é mais fácil porque estamos fazendo isso juntos, como um. As provas e adversidades nos aproximam, ao invés de nos separar.

Por isso, vamos voltar ao passo da verdade no relacionamento, para as camadas de um bolo. Ela repousa sobre o alicerce da transparência. Portanto, agora, vamos aumentar o bolo. O passo após a verdade é a confiança. Então, como podemos viver em confiança se não estivermos sendo honestos e verdadeiros conosco ou com nossos cônjuges? É muito fácil ver que não podemos. Você pode me chamar de linha-dura, mas o propósito deste livro é ajudá-lo para que seu casamento chegue à parte do "felizes para sempre" e "até que a morte nos separe". E que não apenas chegue lá, mas floresça no processo. Durante a jornada haverá golpes duros, mas ela também deve ser divertida, agradável e gratificante. Viver na verdade representa grande parte disso.

## VERDADE RELATIVA E CULTURAL

Lembre-se de que a verdade nunca muda da noite para o dia. Ela geralmente chega do outro lado do rio pegando um barco chamado Compromisso. E de um modo agradável e lento, por isso você nem nota que está se movendo. A verdade relativa, que tem sua origem no relativismo, diz que não há verdade absoluta; que verdade é relativa ao indivíduo. Se você pensa que é verdade, ou quer que seja verdade, então é. Isso basicamente retira a noção de que, de fato, existe o certo e o errado no mundo. Aqui está a questão do mundo cinza mais uma vez. A verdade é deixada para o indivíduo decidir o que ele quer ou acredita ser verdadeiro para ele. Contudo, a verdade absoluta é algo verdadeiro, independente de qual seja a situação ou o indivíduo. Não está sujeita a interpretação. Não estou falando de uma situação que requer raciocínio. Por exemplo, uma decisão sobre qual carro seria o mais adequado para sua família dirigir. Isso tem a ver com sua opinião e a situação, não com a verdade. São opiniões situacionais que realmente não têm resposta certa ou errada. Depende do indivíduo e de suas necessidades. Estou falando, porém, em relação à verdade moral e ética. Se um cônjuge acha que a infidelidade não é necessariamente errada em certas circunstâncias, temos um dilema que enfraquece a unidade do casamento. Se acho que posso dizer à Barbie uma meia-verdade a respeito de uma determinada situação porque, fazendo isso, estarei protegendo-a, essa verdade é relativa à minha interpretação. Está tudo bem eu mentir se sentir que isso é melhor para ela ou, na maioria dos casos, para mim.

Isso me traz ao centro do que é o relativismo, que impõe barreiras à maioria dos "felizes para sempre". A filosofia do "eu" é realmente o que importa. Permitimos por muito tempo que a cultura e o entretenimento gradativamente nos convencessem do que, outrora, era considerado por nós como imoral, de modo que, em nossa sociedade como um todo, perdemos a bússola moral. Sofremos lavagem cerebral com o mantra de que, se algo faz bem e atende às suas necessidades pessoais, então é aceitável – que cada pessoa pode e deve decidir isso por si. Pode-se, então, sustentar a opinião pessoal de que infidelidade, sexo, pornografia e outras indulgências pessoais são comportamentos normais na trajetória de um casamento. Afinal de contas, todos estão fazendo isso. O "eu" tornou-se mais importante que o "nós". Parece que nos tornamos mais dispostos a sacrificar nosso caráter num esforço de evitar o rótulo de intolerantes. Você consegue perceber o quanto esse processo de pensamento é destrutivo para um casamento, se a verdade realmente depender do que você escolher achar – pessoalmente – que é certo ou errado?

Penso que a maneira de abordar ou reverter esse tipo de crença é adotarmos a verdade mais profunda da primeira linha do best-seller de Rick Warren, *Uma vida com propósitos,* que declara: "Não tem nada a ver com você." O casamento tem a ver com unidade, com duas pessoas que se unem e se submetem

> Sofremos lavagem cerebral com o mantra de que se algo faz bem e atende às suas necessidades pessoais, então é aceitável.

uma à outra com o objetivo e o entendimento de que a unidade é mais gratificante, bela e poderosa do que os que são separados. Uma das explicações mais poderosas que li acerca de como deveríamos ver nosso cônjuge no casamento é esta: "Da mesma forma, os maridos devem amar cada um a sua mulher como a seu próprio corpo. Quem ama sua mulher, ama a si mesmo."[14] É dessa maneira que experimentamos a verdadeira unidade.

Honestamente, acredito que não importa a profundidade do abismo a que nossa sociedade desça, ainda há uma bússola moral em cada um de nós que discerne o certo do errado. Se tiver de explicar sua posição ou dar um bom argumento do porquê algo que fez esteja correto, provavelmente você esteja colocando cabos-guia em sua torre para ajudá-la a permanecer em pé. Acredite, falo por experiência própria aqui. Há uma boa possibilidade de que seu alicerce de transparência tenha se movido, e você não esteja mais no passo da verdade. A verdade absoluta é capaz de sustentar-se sozinha. Ela pode suportar os ventos da adversidade e da dúvida.

Então, como é um casamento que está protegido pelo importante passo da verdade? Quando vivemos uma vida de transparência, protegidos firmemente no passo da verdade, criamos um ambiente onde o verdadeiro amor pode crescer com liberdade e a segurança é real. "No amor não há medo; ao contrário, o perfeito amor expulsa o medo, porque o medo supõe castigo. Aquele que tem medo não está aperfeiçoado no amor."[15] Viver na verdade é viver em perfeito amor. O amor perfeito lhe permite direcionar as energias um para o outro e criar raízes profundas.

Quando vive em perfeito amor, que é cultivado a partir da sinceridade, você está vivendo em verdadeira liberdade. Não há desperdício de energias para manter firmes os cabos-guia para que sua verdade permaneça em pé, pois simplesmente não existe a presença de cabos-guia de meias-verdades ou manipulação. Não há máscaras para usar. A verdade está à vista, e é bonita. Como você irá responder quando a opinião dos colegas ou da sociedade pressionar a torre da sua verdade? Você se curvará ou permanecerá firme?

## VERDADE PESSOAL

Uma coisa importante, que é crucial para duas pessoas viverem na harmonia da verdade, é como você vê a si mesmo. Se não vir a si mesmo como uma pessoa de valor e merecedora de respeito, então você achará difícil exigir isso dos outros. Se um jovem, durante o ensino fundamental, aceita a mentira de que ele não é bonito, será difícil para ele ver a si mesmo como bonito no casamento. O padrão de verdade dele foi rebaixado para dar lugar à verdade parcial de seus colegas. Por causa das mentiras que aceitou como verdade, pode achar que é sortudo por ter alguém que queira estar ao seu lado, então rebaixa os padrões do que realmente deseja em um cônjuge. Ele substituiu a verdade do seu valor, que está acima de comparação, pela mentira dos outros. Inevitavelmente, isso transbordará para o relacionamento matrimonial com o cônjuge. Ele foi manipulado a pensar que seu valor é pequeno, por isso essa mentira mantém destaque em sua mente e coração e distorce a verdade. Até que se livre da mentira, ela sempre dominará suas ações e o conduzirá em todas as decisões. "A verdade os libertará" faz mais sentido agora, não faz?

## VERDADE MATRIMONIAL

Você está sempre edificando um casamento, quer esteja fazendo isso intencionalmente ou não. Está edificando de maneira criteriosa sobre o alicerce sólido da verdade ou não, o que quer dizer que está construindo sobre o alicerce rachado e instável da inverdade, mesmo que ela esteja invisível.

Um casamento edificado sobre o sólido fundamento da verdade encoraja o cônjuge, especialmente em tempos de dúvida ou medo. A verdade é um alicerce de apoio para o cônjuge. Cada ano de casamento deveria trazê-lo para mais perto do "felizes para sempre", ao invés de distanciá-lo dele. É uma jornada a dois.

Você acha que o lindo casalzinho de cabelos grisalhos, sentado ali no parque, alimentando os pombinhos, conseguiu comemorar as bodas de ouro escondendo a verdade, mentindo e manipulando? Tenho certeza de que conseguiram passar pelos tempos difíceis e pelos erros por causa da capacidade de corrigir o curso usando a bússola de navegação da verdade, para mantê-los no alicerce sólido da unidade.

Um casamento verdadeiro é o que vive pelo princípio do "nós", e não do "eu".

Construir o fundamento sólido da verdade em um casamento é um requisito indispensável para mantê-lo forte e voltado ao "felizes para sempre" e "até que a morte nos separe" que você merece.

**Nota ao Leitor:**

Vá para o fim do livro (página 207), na seção "Dando o Próximo Passo", e preencha a avaliação sobre Verdade.

# CONFIANÇA

"Nunca somos tão vulneráveis como quando confiamos em alguém – mas paradoxalmente, se não podemos confiar, tampouco podemos encontrar amor ou alegria."[16]
*Walter Anderson*

# CAPÍTULO 9

## CONFIANDO EM MEIO ÀS CRISES

Os maiores sucessos e vitórias da vida quase sempre vêm na carona de nossas maiores crises. Em chinês, a palavra para *sucesso* é uma combinação de duas: oportunidade + crise. Sim, crise. Muitas vezes, a coisa mais difícil que enfrentamos na vida – a adversidade – pode se tornar no maior veículo para nosso sucesso. É tudo uma questão de o que você faz *com* e *na* crise. Em meio às tempestades, não entendemos que pode haver uma oportunidade não somente para se mascarar, mas também um desafio para se permanecer na verdade.

Como joalheiro, eu sempre trabalho com ouro. Primeiro, o metal é submetido ao calor extremo para que a escória, ou as impurezas, venha para o topo. Nesse estado, a sujeira pode ser removida facilmente, e o que permanece é um produto de pureza e valor muito mais elevado. O processo é chamado de refinamento. Não é assim também na vida? A jornada da vida é nosso processo de refinamento. Pode ser doloroso. Podemos nos queimar. Porém, os desafios que experimentamos, se permitirmos, podem tornar-se nosso processo de purificação e oportunidade de crescimento. Do outro lado da crise, podemos emergir com experiência e valor muito maiores. Mais uma vez, essa parte cabe a nós. É o modo como passamos pelo fogo e a maneira como permitimos que ele nos purifique que determinará o resultado final.

Entretanto, o processo não para aí. O ouro, uma vez refinado, precisa ser unido a outro elemento para ser fortalecido, pois, em seu estado puro, ele é muito mole. O ouro precisa "casar" com outro metal para que a combinação dos dois metais distintamente diferentes crie uma beleza e força que separadamente não seriam alcançadas. Isso deveria ser verdadeiro também para o casamento. O resultado é algo melhor, mais forte e mais belo do que poderia ser alcançado por uma pessoa sozinha.

Todo mundo passa por crises. A maior parte das pessoas no mundo hoje está para passar, já está passando ou está saindo de alguma situação crítica. Contudo, não é o que você passa que define o seu destino. Em vez disso, o que conta é o modo como você passa e o que faz.

A adversidade pode atacar quando colocamos nossa confiança em coisas ou pessoas que nos decepcionam. Por exemplo, e se você colocar a confiança em seu emprego — aquele salário semanal regular? A economia muda, a onda de desempregos emerge e, sem nenhum aviso, o seu próprio emprego se vai. A confiança na empresa e naquele salário é quebrada. E agora? Quando a confiança é quebrada e bate a adversidade, quer seja no emprego ou no relacionamento, deve-se tomar uma decisão. Você deve decidir como irá responder. Você aprenderá as lições desse desafio e permitirá que ele se torne uma plataforma para o seu crescimento?

Algumas das pessoas ou ideias mais bem-sucedidas do mundo foram lançadas como resultado de crise e de fracassos. Walt Disney é um exemplo disso.

O amado fundador e criador de um império de animação e cinema enfrentou diversas crises na vida e na carreira, muitas das quais poderiam ter impedido sua confiança nos outros e em si mesmo. Por exemplo, "Aos 22 anos de idade, Walt soube o que é falência após o fracasso de uma série de desenho em Kansas City. Ele foi para Los Angeles com 40 dólares em dinheiro e uma mala de couro artificial contendo somente uma camisa, dois calções, dois pares de meias e alguns materiais de desenho. Achando que outras pessoas faziam a animação melhor que ele, seu objetivo era ser um ator em Hollywood."[17]

E se a história dele tivesse parado ali? Felizmente não parou. O que fez Walt abrir caminho e voltar ao seu destino? Pelo menos em parte isso se deveu ao seu irmão, Roy, que identificou a inexistência de empresas de animação com sede na Califórnia. Juntos, eles viraram um time e usaram seus pontos fortes para se tornarem maiores do que se fosse só um e um "dos times de irmãos mais famosos de Hollywood".[18]

Disney poderia ter sido lembrado como um fracasso. Em vez disso, escolheu confiar mais uma vez, abrir caminho entre o fracasso, e agora ele é lembrado como um dos empreendedores de maior sucesso na história. A crise tornou-se sua oportunidade para o sucesso. O mesmo pode ser verdadeiro para uma empresa ou para o casamento.

Qual fracasso você enfrentou? É possível começar de novo. Você está em um casamento que experimentou o fracasso na comunicação, transparência ou confiança? Se estiver, você pode tomar a decisão de mudar.

Pessoalmente, eu fracassei em minha empresa e com minha esposa. Foi difícil admitir isso, mas foi o início da reviravolta. Passar pelo fracasso e não admiti-lo é o verdadeiro fracasso. Eu tive de escolher que meus fracassos não determinariam o meu futuro. O único fracasso em fracassar é quando não se está disposto a admitir que você fracassou ou está errado. E quem nunca fracassou em alguma coisa?

As decisões que tomamos ontem criaram as consequências de hoje. Porém, as decisões que tomaremos hoje afetarão o nosso amanhã. Essa é a chave. Esse é o ponto da transição. Nosso relacionamento matrimonial também é um

> Embora não pudesse mudar o passado, eu podia definir o curso para um novo futuro.

produto de nossas decisões de ontem e do que faremos hoje. É um resultado direto do nosso investimento nesse relacionamento. É por isso que, no final, o esforço extremo e o planejamento financeiro em cima da cerimônia de casamento, que dura um dia, têm pouca consequência quando comparados ao casamento que durará a vida toda. Que investimento você está fazendo para o dia, o mês, os anos que seguirão a cerimônia do casamento?

Percebi que tudo que havia esperado de um grande casamento, na verdade, eu tinha feito de tudo para destruir. Estava colhendo as consequências das minhas ações em minha empresa *e* em meu casamento. As ações têm consequências. Se você não valoriza sua esposa ou seu marido, se você não aprecia sua confiança ou protege seu coração, haverá consequências. Pode esperar. Embora não pudesse mudar o passado, eu podia definir o curso para um novo futuro. Quais decisões você fará para influenciar seu amanhã? Para se preparar contra a crise? Para investir em seu futuro? Um passo significativo para mim foi quando decidi livrar-me do meu passado.

Como eu disse, tomei a decisão de sair da prisão do medo. Contudo, nossas finanças ainda eram tudo, exceto livres. Era muito mais do que frustrante. Minha inexperiência, nos primeiros anos de empresa, em navegar nas oportunidades do mundo corporativo deve ter sido a raiz de nossa angústia financeira naquela primeira vez, mas o que estávamos experimentando agora por causa do assalto sofrido era muito injusto. No entanto, mesmo enquanto enfrentávamos a falência, tomamos a decisão de caminhar com integridade e trabalhar para pagar os credores. Recusamo-nos a elevar o débito do cartão de crédito com a ideia de que tal débito seria zerado na falência. Existem algumas coisas que simplesmente são erradas, e você não pode reconstruir o sucesso sobre um alicerce errado.

Embora tivéssemos mobilizado tudo que possuíamos pessoalmente para manter o negócio solvente, no final perdemos tudo. Agora, a questão era como passaríamos pelo desafio e como sairíamos do outro lado. A vida nem sempre é justa, mas não preciso dar volta em torno da mesma montanha duas vezes.

Quando minha empresa atingiu o terreno instável pela segunda vez, vários anos mais tarde, depois do assalto do Dia de Natal, eu não era mais a mesma pessoa.

Eu havia aprendido a importância da transparência, da verdade e da confiança. Também já sabia da importância de confiar nas pessoas e em mim mesmo.

É importante que entendamos em quem podemos confiar e em quem não podemos. Surgiu outra pergunta quando nos encontramos novamente em uma situação financeira instável. Eu confiava em Deus?

As palavras que ele falou passavam repetidamente em minha mente. *Confie em mim, eu estou com você. Não tem nada a ver com você. Tem a ver com o local para onde estou levando você. Tem a ver com seus filhos e a geração dos filhos dos seus filhos. Preciso que confie em mim.*

Aprender a confiar é uma das tarefas mais difíceis da vida. A confiança é tridimensional. Primeiro, é importante que as outras pessoas possam confiar em nós. Depois, devemos aprender a confiar em nós mesmos, e finalmente temos de aprender a confiar nas pessoas. Cada uma dessas três áreas merece importância própria.

Nesse estágio, reconheci que eu tinha o desafio de confiar nos outros – especialmente no campo dos negócios. Já falei de como estava me esforçando para reconstruir a confiança com a Barbie à medida que eu trabalhava para me comunicar e ser transparente com ela em todas as decisões da empresa. Eu estava trabalhando para que outros, não apenas a Barbie, pudessem confiar em mim. Porém, pessoalmente, havia aqueles por quem eu ainda sentia algo por nos terem abandonado na hora da necessidade. Minha capacidade de confiar nas pessoas tinha sido prejudicada. Além disso, Deus agora estava me falando para confiar nele. Eu lutava dentro de mim. Restaurar a confiança naqueles que a tinham quebrado ou nos abandonado podia ser difícil. Ainda no que diz respeito a Deus, como crer realmente em alguém que você não pode ver? Eu estava aprendendo.

Uma história que foi decisivamente importante na compreensão da confiança é o relato bíblico de Moisés. Aqui estava um cara que sabia bem o que era fracasso. Eu podia me identificar com ele. Mas foi o que ele fez depois do fracasso que despertou a minha atenção.

Criado no palácio como legítimo príncipe, quando jovem Moisés perdeu a cabeça e, num ímpeto de fúria, matou um homem. Agora ele era procurado. Suas ações tiveram consequências. Ao fugir para o deserto (crise), ele deixou para trás a velha vida. Porém, o Moisés que emergiu 40 anos mais tarde não era o mesmo homem. Não mesmo. Esse Moisés era alguém que aprendera a importância da confiança. Ele aprendera a confiar em sua família e em Deus e, o mais importante, ele se permitira amadurecer e crescer, de modo que agora Deus podia confiar nele.

Moisés tinha fracassado, e mesmo assim teve uma segunda chance. Isso me deu esperança.

Resumindo, a história de Êxodo 14 revela o povo de Moisés, os israelitas, em servidão ao rígido capataz dos egípcios e do faraó. Moisés, um homem que para todos os efeitos estava morto desde que fugira para o deserto, ressurgiu não como o homem iracundo que havia deixado o Egito quarenta anos atrás. Agora ele era Moisés, um homem que podia confiar e ser confiado e que estava pronto para liderar. E foi exatamente o que ele fez.

Moisés liderou os Israelitas para fora do Egito com base em sua confiança em Deus e na promessa da Terra Prometida. As pessoas tiveram de confiar nele. Ele teve de confiar em Deus. Parece simples, mas lembre-se de que houve anos de crescimento e amadurecimento nesse processo. Assim também acontece em nossa vida, quando aprendemos a confiar ou reconstruir a confiança. Alcançar e trilhar pelo pôr-do-sol da confiança parece charmoso e maravilhoso, mas sempre há crateras que estragam a jornada. Moisés estava prestes a enfrentar uma imensa "cratera" chamada mar Vermelho.

Provavelmente você conhece a história de como Moisés liderou o povo de Israel do Egito diretamente para o deserto. Relatos históricos descrevem um grupo de mais de um milhão de homens, mulheres e crianças — de bebês a idosos.[19] Qual era a ideia? Onde eles iriam conseguir comida e água? Como conseguiriam atravessar o deserto? E como escapariam do faraó e seu exército, que agora estavam numa perseguição furiosa?

Esse é quase sempre o ponto em que a confiança vacila na vida e no casamento — quando as coisas parecem sombrias e a estrada é cheia de obstáculos. Esse é o lugar exato em que aprendi que temos de dar um passo de fé.

Moisés havia fracassado antes, quando era jovem. As pessoas naturalmente teriam de questionar se ele fracassaria de novo. Ele teria mudado, de fato? Elas estavam dispostas a confiar sua vida a ele e *entregar* a confiança, ainda não totalmente conquistada por ele?

O milagre aconteceu quando eles se levantaram, deixaram o medo e deram um passo adiante. Quando aquele primeiro passo foi dado, o mar Vermelho não apenas se abriu, como eles também o atravessaram em solo *seco*. Impossível. O que fez a diferença? Confiança.[20]

## RESTAURANDO A CONFIANÇA

Então como chegamos àquele lugar onde podemos dar o passo adiante? Especialmente se você estiver em um relacionamento em que a confiança foi quebrada, essa é uma questão que precisa ser tratada.

De fato, creio que a confiança se constrói em camadas. Cada camada é fundamental para a próxima camada que vai sobre ela. Pense nisso em termos de um edifício. Cada camada é feita de tijolos, que são cuidadosamente assentados para poder aguentar a que vem sobre ela. Um bom pedreiro é verdadeiramente um mestre. Ele sabe a quantidade exata de cimento a ser colocada entre os tijolos para mantê-los perfeitamente alinhados, fiada sobre fiada. Quando termina, ele tem uma bela parede de alvenaria feita de tijolos individuais, unidos por cimento para formar uma parede capaz de suportar o telhado ou cobertura. A confiança é construída dessa maneira no casamento. Cada nível de confiança, construído ao longo do tempo, cria uma parede que sustenta e protege os indivíduos que vivem ali.

> Cada nível de confiança, construído ao longo do tempo, cria uma parede que sustenta e protege os indivíduos que vivem ali.

Eu fiz pouquíssimo trabalho de assentamento de tijolo na vida, mas tenho observado grandes pedreiros trabalhando, e verdadeiramente é uma arte. É incrível que, ao terminar, a parede está completamente reta. Ela não pende para um lado nem para outro. Porém, se um único tijolo for assentado fora de lugar durante o processo, a parede acabada ficará torta e instável. Cada tijolo importa, e se for colocado errado, rachaduras podem surgir com o tempo, de modo que, quando forças externas exercerem pressão, como em uma tempestade, a parede pode cair.

Quando a confiança é quebrada no casamento, pode comprometer a parede de sustentação que foi construída durante o relacionamento. A confiança geralmente é construída com o tempo, e assim como uma parede de tijolos, cada tijolo individual e cada fiada são importantes. A confiança quebrada é como uma bomba que pode fazer um estrago na parede instantaneamente.

Embora cada quebra de confiança produza uma rachadura específica na parede do relacionamento, e nem todas possuam o mesmo impacto, a confiança quebrada em qualquer nível parece mais difícil de curar e restaurar no começo. Tijolos de honra, verdade, transparência e bondade são substituídos pela dúvida, pelo medo, pela ira e pela dor. Por estar no topo dos relacionamentos íntimos, a quebra de confiança no casamento assume um nível de elevada importância. Quando não confiamos no vendedor de carros usados, podemos simplesmente decidir não fazer negócio com ele e ir embora. Nenhum dano. Nenhum problema. Não é assim com o nosso cônjuge. Quando sofre a dor da traição ou experimenta a quebra da confiança, seja um ato implícito ou explícito, o casamento não é reparado da noite para o dia, ou com uma simples decisão.

Parece lógico que a infração da infidelidade tenha uma recuperação mais difícil e faça mais estrago à parede do que a infração de um pequeno deslize financeiro. A infidelidade retiraria uma fiada de tijolos bem na base da parede e tudo que está acima dela, enquanto que um ato pequeno e involuntário que cria desconfiança poderia somente criar uma rachadura, possível de ser reparada com uma comunicação melhor.

Dependendo do nível de confiança que foi quebrado, os passos abaixo são necessários em diferentes níveis e graus para curar as feridas e reparar a parede:

1. Reconhecer a infração e assumir a responsabilidade pela ação (transparência) constituem o primeiro passo.

Esse é o momento de pedir desculpas sem se justificar. As palavras "Eu sinto muito" percorrem uma longa distância para pavimentar o caminho para a restauração.

2. Dê tempo suficiente para a cura.

Leva tempo para que as feridas cicatrizem. A paciência é a parte do processo que não pode ser apressada ou ignorada. Primeiro, reconheça que não existe quantidade de tempo definida para a cura das feridas. O processo é diferente para cada pessoa, e quanto mais profunda e complexa a ferida, mais delicada é a cirurgia e mais prolongado é o tempo de recuperação. Honestidade, responsabilidade e comunicação franca são necessárias para reparar uma quebra na confiança.

3. Há trabalho a ser feito tanto pelo ofensor como pelo ofendido.

Se o ofensor aplicar todo esforço e tempo com um coração puro para a reconciliação e o ofendido recusar-se a participar, a confiança não pode ser reconstruída. As duas partes construíram a confiança no início, e as duas precisam participar do processo de reconstrução. O quanto isso é importante para você? Que quantidade de tempo e esforço você está disposto a investir? Essas questões e o processo irão variar na profundidade, tempo e energia necessários para reparar a parede da confiança quebrada.

4. Perdoe.

Seria impossível tratar de forma adequada a questão da confiança quebrada e da restauração sem abordar o tema do perdão. O perdão está em seu DNA? Você está disposto a perdoar?

Se a confiança tiver sido quebrada, primeiro tem de haver perdão para que o relacionamento seja restaurado. O perdão é um presente que damos às pessoas que nos feriram. Ao mesmo tempo, perdão é um presente que precisamos aprender a receber das pessoas a quem ferimos. Por último, perdão é um presente que devemos oferecer a nós mesmos. Este último pode, às vezes, ser o passo mais árduo de todos.

Pode haver certa confusão na oferta de perdão e na restauração da confiança. Não se trata da mesma coisa. Enquanto o perdão, ao menos na mente, não é opcional, o nível ao qual você restaura a confiança é. Um não comanda o outro. Barbie me perdoou quase que de imediato quando revelei a ela a falência iminente nos negócios. Porém, isso não significa que ela tenha disponibilizado sua confiança imediatamente. O perdão é um ato da vontade. Seu coração pode não querer perdoar, mas você precisa perdoar. É um presente para você mesmo.

Estudos médicos apontaram que sentimentos de falta de perdão produzem reações físicas negativas e nocivas, tais como ira, ressentimento, desconfiança etc. O pesquisador e escritor Dr. Michael Barry descreve o texto abaixo com base em sua pesquisa e estudos clínicos realizados no Cancer Research Center of America:

"Resfriar as chamas desses sentimentos que fervem dentro de nós pode ajudar a iniciar o processo de cura para aqueles que lutam com a doença — até mesmo o câncer. O sistema imunológico e o perdão estão fortemente ligados."[21]

O perdão é um passo importante dentro de nós para a saúde física e emocional. Sem o perdão, a confiança não pode ser restaurada. É um ato que deve acontecer caso deseje que o relacionamento seja plenamente recuperado. (Caso sinta que não consegue perdoar uma injustiça ou traição que tenha sofrido, eu o encorajo a visitar meu site em inglês no endereço www. michaelletney.com para mais informações sobre o poder e os passos do perdão.).

> O perdão é um ato da vontade.

Não importa se você foi o causador ou o receptor do ato nocivo, ele é dolorido. E naquela dor é fácil se questionar se o relacionamento voltará um dia à mesma posição de unidade. Porém, eu quero lhe dizer que nada é impossível. É verdade que o tempo cura feridas.

Ainda mais importante, posso dizer por experiência que com tudo que passei na vida e no casamento, tenho visto o impossível tornar-se possível. Vi montanhas moverem-se. É isso que Jesus quis dizer com: "Para o homem é impossível, mas para Deus, não; todas as coisas são possíveis para Deus."[22]

Não importa seu credo religioso, se concorda comigo ou não, eu aprendi que Deus é por nós. O homem quebrou a confiança de Deus no jardim do Éden e por isso o Senhor construiu uma ponte oferecendo seu Filho como plano de reconciliação. Foi decisão de Deus perdoar e estender a confiança que poderia restaurar o relacionamento, se nós aceitássemos. Ele ofereceu perdão primeiro, mas temos de estar dispostos a reconhecer nossa necessidade desse perdão para então o receber. Estes são passos importantes e necessários; é o modelo de reconciliação para restauração que pode aplicar-se a qualquer relacionamento.

Creio que enquanto existirem relacionamentos, existirá a necessidade de reconciliação. Precisamos trabalhar constantemente e manter em boa conservação as camadas de apoio e as paredes da transparência, verdade, confiança e unidade em nosso casamento. Nunca devemos deixá-las chegar a uma situação de conservação tão ruim que não possam ser restauradas.

> O dinheiro não comprará sua fé, ou sua saúde, ou sua família.

Devemos estar sempre conscientes delas, de modo que nunca estejam longe demais de nossos olhos ou pensamentos. Aquilo em que prestamos atenção, normalmente permanece em bom estado de funcionamento. Se estivermos trabalhando constantemente para manter nossas paredes em boas condições, é bem provável que nunca teremos de reparar um furo importante ou uma fissura criada pela bomba da confiança quebrada. Todavia, mesmo quando Barbie me concedeu mais uma vez a sua confiança, havia ainda outro obstáculo diante de mim.

Certa noite, eu estava assistindo a um *talk show* inspirador e Deus falou ao meu coração sobre quatro coisas: família, saúde, fé e finanças. Por estarmos no limiar de perder tudo, as finanças tinham consumido a minha atenção. As contas estavam se amontoando, e o dinheiro não estava entrando na mesma proporção. Tudo o mais ficou em segundo plano em minha mente à medida que a necessidade de dinheiro subiu para uma posição de destaque. Contudo, na realidade, a importância que eu atribuía às finanças durante aquela época estava completamente errada. As finanças tinham se tornado tudo. Entretanto, com uma pergunta muito oportuna, tudo ficou claro para mim.

*Mike, se perder suas finanças, você terá perdido tudo?* Que pergunta! Quando falimos e perdi minhas finanças, sim, parecia que eu tinha perdido tudo. Quando não tem algo que realmente precisa, ou há algo em sua vida que você realmente deseja, essa coisa pode consumi-lo totalmente. Porém, quando pensei na questão das finanças em comparação à minha família, saúde e fé, embora fosse um elemento necessário para viver, era muito menos importante quando colocado na balança com as outras três áreas da vida. Pense nisso comigo.

O dinheiro não comprará sua fé, ou sua saúde, ou sua família. Se dinheiro pudesse comprar saúde, então alguns dos homens mais ricos do mundo ainda estariam vivos. Se pudesse comprar família, nós veríamos famílias saudáveis e felizes para cada milionário do mundo, mas não é assim. Aquele momento foi libertador em minha vida. Finalmente reconheci que minha carteira não era a minha identidade. Contudo, eu não podia ignorar a realidade diante de mim. Estávamos sentados em nossa agradável casa de 297 metros quadrados, a qual estávamos para perder juntamente com os carros e todo o resto. Estávamos lutando para colocar comida na mesa.

Naquela época, ninguém sabia o que estávamos passando. Suponho que externamente eu ainda parecia um homem de negócios bem-sucedido. Porém, a falência é uma experiência humilhante e degradante. Oro para que você nunca tenha de atravessar essa porta. Barbie e eu não dissemos a ninguém o que estávamos passando. Entretanto, estávamos abalados e falidos.

O estresse estava causando danos à Barbie. Os armários da nossa cozinha estavam vazios, e não havia dinheiro para comprar comida ou colocar combustível nos carros. Os amigos não sabiam que estávamos sem dinheiro. Até mesmo a maior parte da nossa família não sabia o quanto as coisas estavam ruins.

Num domingo à tarde, uma mulher da nossa igreja bateu à porta. Barbie abriu. A mulher, uma dona de casa na faixa dos trinta e poucos anos, estava ali, parada, com lágrimas nos olhos, segurando dois sacos de supermercado cheios até o topo.

— Barbie, Deus me disse para trazer esses dois sacos de supermercado e 200 dólares. Perdoe-me; não quero ofendê-la. Eu nem sequer sei por que devo fazer isso, estou apenas sendo obediente.

Barbie começou a chorar e convidou nossa amiga para entrar. Elas sentaram-se à mesa e minha esposa começou a compartilhar com ela a importância e o valor de sua obediência. Até aquele momento eu havia sido o doador que socorria os outros, mas nunca havia estado do lado de quem recebia. Aprendi uma importante lição naquele momento. Eu tinha que aprender a receber antes de poder apreciar o dom de dar. Os dois exigiam humildade, e essa era uma posição em que eu achava difícil estar. Mas também era uma posição incrível de se estar, já que milagres começaram a acontecer e eu aprendi a confiar em Deus.

Pouco tempo depois do incidente, Barbie entrou em uma livraria e percebeu que uma de nossas amigas estava bem atrás dela. Embora não tivéssemos compartilhado os detalhes de nossa situação com ninguém, sempre nos perguntávamos se as pessoas sabiam. Barbie queria apenas fazer o que foi ali para fazer e sair da loja sem ser percebida. Certamente ela não estava no clima de conversar.

— Barbie? — nossa amiga a chamou caminhando em direção a ela. — Você está bem?

Barbie fez que sim com a cabeça, enquanto as lágrimas começaram a cair. O peso do que estávamos passando era esmagador. Três dias antes, nós tínhamos devolvido os carros ao banco. Do nada, essa amiga disse:

— Temos um carro extra. Você quer usá-lo?

Generosa? Totalmente. Porém, o mais impressionante é que ficamos sabendo que ela não sabia de nossa situação e, contudo, do nada, ela se sentiu impelida a vir a nós.

Vários meses mais tarde aquele casal precisou do carro de volta. Nós ainda não tínhamos dinheiro para comprar outro carro. Entretanto, bem na hora de devolver o veículo, outro milagre aconteceu, dessa vez com nossos vizinhos que moravam mais para o final da rua. Começou com uma batida na porta.

— Mike, lembra-se de quando você deu um emprego à minha esposa? — perguntou o vizinho, enquanto me entregava um envelope. Eu me lembrei. Sua esposa havia trabalhado para mim apenas por um breve tempo e depois pediu demissão. Ele tinha um bom trabalho na comunidade. Achei que talvez ela tivesse tempo extra disponível e estivesse apenas procurando alguma coisa a mais para fazer. Eu realmente não achava que tivesse algo a ver com uma necessidade específica.

— Deus usou sua vida para nos abençoar, e você nem mesmo sabia. Nós precisávamos mesmo do dinheiro que aquele emprego providenciou para honrar um compromisso naquela época.

Eu peguei o envelope que ele me passara e o abri. Dentro estava o documento do Monte Carlo que eles tinham, um carro velho, mas muito bom.

Ele e a esposa sabiam que estávamos passando por algumas lutas, mas não sabiam a profundidade da necessidade. Além disso, eles não tinham ideia de que o carro que estivemos usando era emprestado, e havíamos acabado de devolvê-lo. A sincronia foi incrível.

*Você confia em mim?*

Olho para trás, para aquele período, e sou grato. Eu estava recebendo as instruções básicas sobre confiança. Isso me permitiu continuar a fortalecer meu casamento, aprender a confiar nos outros e, o mais importante, confiar em Deus e em sua provisão diária.

Nossa empresa estava se recuperando devagar quando outro milagre ocorreu. Barbie recebeu uma oferta de emprego para trabalhar para um dos melhores dentistas da cidade. O emprego nos permitiu comprar uma casa exatamente após dois meses da falência que narrei no capítulo 7.

> Às vezes as melhores oportunidades surgem dos nossos desafios mais difíceis.

Na verdade, não deveria nos ter sido permitido comprar uma casa por sete anos, mas, de novo, eu estava aprendendo que com Deus nada era impossível.

Aos poucos, estávamos nos equilibrando. Mesmo assim, as coisas não eram as mesmas, e eu sabia disso. A mudança pairava no horizonte. Eu podia senti-la. Aprendi a não ignorar aquele aviso, mas, para ser honesto, não parecia fazer sentido. Porém, a vida nem sempre faz sentido, não é? Como eu disse, às vezes as melhores oportunidades surgem dos nossos desafios mais difíceis.

Embora os ladrões tivessem roubado o estoque da minha loja, não tinham roubado meus desenhos. A ideia para uma linha de produtos inteiramente nova começou a tomar forma. Longas sessões noturnas, sozinho na oficina de casa, enquanto a família dormia, tornaram-se métodos terapêuticos. A televisão geralmente estava ligada, sintonizada em alguma mensagem inspiradora que enchia minha alma, enquanto minhas mãos criavam as novas ideias que vinham tomando forma em minha mente. As ideias começaram a fluir. Nas primeiras horas da manhã recebi uma revelação de minha nova jornada, e não era em uma joalheria. Era um modo de vida inteiramente novo para mim e uma linha de produtos nova. Era um projeto arriscado. Eu confiava em mim mesmo? Seria necessário trilhar um caminho que eu nunca havia trilhado antes.

# CAPÍTULO 10

## CONFIANÇA SE DÁ

Provavelmente você já ouviu a expressão: "Confiança se conquista."

Talvez você tenha até reproduzido essa frase uma vez ou outra. Porém, quero questionar essa linha de pensamento, pois na realidade creio que confiança também se *dá*. Veja o que digo aqui, porque creio que seja um elemento-chave nessa discussão e o que trouxe cura para meu próprio casamento.

Por que não damos confiança? Deixe-me dizer as duas principais razões. A primeira é por causa de uma questão pessoal dentro de nós. É um indicador de conflito não resolvido ou de uma ferida em nosso interior. Nossa incapacidade ou recusa em oferecer confiança sempre se originam de algo que nos foi feito no passado. Na realidade, pode não ter nada a ver com a pessoa à qual recusamos estender confiança nesse momento. Porém, seja lá o que for que tenha ocorrido no passado, foi tão significativo que a capacidade de confiar foi profundamente reduzida ou até mesmo destruída. Isso deve ser curado e mudado para que relacionamentos saudáveis cresçam no futuro. Nossa capacidade e disposição de confiar nos outros devem ser restauradas.

Dependendo da profundidade dessa raiz, uns terão mais dificuldade que outros. É preciso tempo e esforço para mudar nossas reações do passado, a fim de alcançar um futuro diferente. (Visite www.michaelletney.com para uma lista de recursos em inglês que pode ajudá-lo a começar esse processo.)

Outra razão por que não confiamos é que a confiança foi quebrada em virtude de uma traição, comunicação ruim, mentira ou quaisquer outras circunstâncias com uma pessoa específica ou grupo. Isso é muito real e doloroso. Não estou sugerindo que se alguém lhe fez algo de propósito ou por maldade que tenha quebrado a confiança, você lhe dê a confiança outra vez, cegamente. E ainda, quando a confiança é quebrada, a única maneira de o relacionamento ser restaurado é estendê-la e reconstruí-la. Parece um paradoxo. Mas não é. É algo que deve acontecer em dois níveis.

O primeiro passo começa no nível pessoal. Quando a confiança é quebrada, existem emoções que se seguem naturalmente. Primeiro, nos sentimos feridos. Depois, nos tornamos irados. Nossas fronteiras foram cruzadas, e as emoções vêm em seguida. Esses dois níveis não podem ser ignorados. Ignorá-los é simplesmente enfiá-los nos recônditos de nosso coração. Essa prática é perigosa, porque um dia eles retornarão à superfície. Não se pode evitar; e até que esse tempo chegue, quer você acredite ou não, podem afetar sua saúde e influenciar toda opinião e relacionamento que você tiver.

Quando a confiança é quebrada, é como se uma semente fosse plantada no solo do nosso coração. Se for deixada sem supervisão, ela criará raiz e acabará penetrando em nosso sistema de crença, em nosso DNA espiritual e no modo como respondemos a todos os outros relacionamentos em nossa vida.

Então, como a confiança é restaurada? Creio que confiança se dá *e* se conquista. Deixe-me explicar.

O escritor Booker T. Washington disse certa vez: "Poucas coisas podem ajudar uma pessoa mais do que dar a ela responsabilidade e informá-la de que você confia nela."[23]

Essa frase é excelente se estivermos tentando treinar nossos filhos ou treinar um empregado. Mas como se aplica a alguém que tiver quebrado nossa confiança? Se mentiu, traiu ou nos feriu, como e quando deveríamos dar esse passo importante de confiar novamente?

Sou grato por Barbie ter depositado confiança em mim quando eu não merecia. Isso, meu amigo, se chama graça. Eu tinha me mostrado uma pessoa suspeita. Havia mentido pela omissão dos fatos. Tinha tomado dinheiro emprestado de amigos e da família, acumulado dívidas e escondido dela as contas e os extratos bancários. Eu perdi sua confiança. E nesse estágio foi importante receber a mensagem dela. Enquanto construir a transparência e falar a verdade era a minha parte, a confiança era o fruto ou a ação que eu esperava obter como resposta. Barbie tinha uma escolha a fazer também.

*Todo dia, durante a fase da falência, vinha à tona algum fato devastador sobre o que Mike fizera. Havia cartões de crédito de que eu nada sabia a respeito, contas e até mesmo dinheiro emprestado de amigos e membros da família que foram escondidos de mim. À medida que cres-*

*cia a montanha da dívida, minha reação crescia também. Eu tinha uma ansiedade extrema. Não conseguia dormir e era consumida pelo medo. Experimentei verdadeira insegurança pela primeira vez na vida, e isso tudo junto começou a afetar minha saúde de modo direto e nocivo.*

*Mike sempre fora o empreendedor e tomador de risco. Ele fora criado para pensar de forma criativa, o que é excelente. Eu amava isso nele, mas agora se mostrara devastador. Eu era a pessoa prática, firme e econômica em nosso relacionamento.*

*Quando olho para trás, havia, sem dúvidas, "pontos de atenção" para esses comportamentos antes de nos casarmos. As taxas bancárias, a incapacidade de pagar as contas em dia, empreendimentos com tomada de risco; agora vi que esses padrões estavam arraigados no comportamento de Mike. Se você estiver em um relacionamento sério, talvez noiva, e identificar possíveis "pontos de atenção", não os ignore. Agora é a hora de investigar a fundo com seu noivo, e ele pode não gostar. Essa é a hora de aconselhamento pré-matrimonial. Vocês dois estão dispostos a serem transparentes? Vocês estão dispostos a serem honestos? Descubram agora. Depois que estiver casado, o problema se torna muito mais complicado, conforme ocorreu conosco. Arrependo-me de não termos buscado aconselhamento e informação antes de nosso casamento. Não planejamos bem o nosso amanhã, e estávamos pagando por isso agora.*

*Mike disse muitas vezes que me amava e queria me proteger. E sei que era verdade. Eu apenas não entendo por que ele tomou tantas decisões ruins que nos causaram dor e problemas que estávamos vivenciando agora. Seus atos, na época da falência, não correspondiam às suas pa-*

*lavras. Eu tinha uma escolha a fazer. Estaria disposta a confiar em Mike depois de tudo que ele fizera?*

*Porém, mesmo com todas essas questões, eu conhecia o homem por quem me apaixonei. Conhecia o coração dele. Pois refletia todas as qualidades boas que haviam me atraído a ele no início. Ele era gentil, generoso, atencioso e amoroso. Era um excelente pai. Naquele momento, a decisão não foi difícil. Valia a pena lutar pelo nosso casamento. O divórcio não era uma opção.*

É difícil, ainda hoje, ver o que fiz Barbie passar. Cabia a mim fazer uma mudança para ajudar a restaurar aquela confiança. Aquele era o próximo passo em minha jornada contínua.

A confiança é onde começamos a receber os benefícios em nosso casamento ou em qualquer relacionamento. É um subproduto do que é trazido ao relacionamento pelos indivíduos. Você é responsável pelas duas primeiras camadas do bolo: transparência e verdade.

> A confiança é onde começamos a receber os benefícios em nosso casamento ou em qualquer relacionamento.

Pense nisso. É você quem decide se vai viver em transparência e falar a verdade. Seu cônjuge não pode fazer isso por você. Você decide os dois primeiros níveis, os quais são de ação. A confiança é uma reação no casamento. Ela vem de seu cônjuge e é a consequência de sua ação de transparência e verdade. Eu gosto de olhar para a confiança como a parte onde os dois realmente começam a se tornar um. É o primeiro resultado produzido pela junção dos dois. É um dom.

Porém, lembre-se, a maneira como você trata e valoriza esse dom determinará a força de seu relacionamento.

Mas embora a confiança nos seja dada em um relacionamento, isso ocorre quase sempre porque ela foi conquistada.

# CAPÍTULO 11

## CONFIANÇA SE CONQUISTA

Transparência e verdade são os trampolins para se chegar à camada de confiança. Uma vez colocadas no lugar adequado, elas se tornam um modo de vida. Esse é o objetivo. Embora no começo, quando damos início ao processo de sermos transparentemente verdadeiros no relacionamento com o cônjuge, podem ser necessárias decisões deliberadas no caso de tal processo não ter ainda se tornado um hábito. Caso não tenha sido transparentemente verdadeiro no passado, isso não ocorrerá de forma natural. Na realidade, é possível que tenha de se examinar constantemente no início. Você está dizendo toda a verdade em cada situação ou somente parte dela? Também precisamos nos certificar de dizer a verdade sem manipulá-la em nosso favor no discurso.

Contudo, uma vez que a transparência e a verdade estiverem firmemente estabelecidas no tecido de nossa vida, é quase como se estivéssemos no piloto automático. Elas se tornam nossas respostas automáticas, porque, agora, elas fazem parte de nosso DNA pessoal. O resultado quase sempre é a confiança.

Qual é seu DNA de resposta nos relacionamentos? É seu caráter, sua integridade, seu alicerce. E em tempos de crise, é isso que virá à tona.

Recentemente, recebi a ligação de uma empresa em cuja revista eu havia contratado um anúncio. Ao fazer o pedido, solicitei que debitassem o valor no meu cartão de crédito corporativo, o qual eles tinham em seus arquivos e que eu já havia usado em pedidos anteriores. Pronto. Passei a outros projetos e nunca mais pensei nisso. O projeto estava finalizado e risquei-o da minha lista.

Nove meses depois, recebi uma ligação da empresa.

– Senhor Letney, lamentamos informar que sua conta do anúncio de nove meses atrás ainda está pendente, e exigimos o pagamento imediato.

Levei cerca de um minuto só para entender do que se tratava. O anúncio havia sido feito meses atrás, e eu havia pedido que fizessem a cobrança em meu cartão na data do pagamento. O que eles queriam dizer com a conta não ter sido paga? Eu estava confuso. Não tinha recebido nenhum tipo de aviso antes dessa comunicação. Informei à representante que já havia autorizado o pagamento.

– O senhor poderia verificar na fatura se o pagamento foi realizado? – ela perguntou. – Meus registros apontam falta de pagamento.

– Claro, vou checar meus extratos e já retorno – expliquei.

Parecia bastante simples. Eu verificaria minha fatura do cartão de crédito, esclareceria o erro e seguiríamos adiante. Porém, acabou que não foi tão simples assim. Recebi outra ligação na manhã seguinte.

— Senhor Letney, o senhor verificou seus extratos? Preciso imediatamente desse pagamento — declarou a assistente de contas a receber, para verificar se eu tinha tomado alguma medida. Fiquei um pouco surpreso com a urgência dela.

— Não, eu não chequei esses extratos, senhorita — expliquei.

— Bem, precisamos desse pagamento em nosso escritório em dois dias ou lhe enviaremos para o setor de cobrança.

Ora, uma reviravolta interessante estava acontecendo naquela conversa. É nesse ponto que os relacionamentos muitas vezes se perdem. É a comunicação que pode arruinar a confiança.

De repente, sem avisar, a assistente de contas a receber não estava mais demonstrando confiança de que eu havia autorizado o pagamento ou que estava mesmo disposto a verificar os meus extratos. Ela havia avaliado que eu estava em falta, que não era uma pessoa confiável, e que eu não cumpriria o que dissera sem uma dose de coibição. Não estávamos mais trabalhando como um time. Agora estávamos claramente nos rondando como adversários, e eu era o "vilão". Devo dizer que isso me pegou de surpresa.

Olhemos para esse cenário, já que ele pode se referir a qualquer relacionamento: comercial, pessoal ou conjugal.

Primeiro, houve uma falha na comunicação. Eu os autorizei a processar o pagamento no meu cartão. Talvez eles não tenham ouvido. Talvez tenham se esquecido. Da minha parte, eu deveria ter verificado se eles haviam debitado no cartão de crédito ou deveria ter verificado a fatura, mas, de qualquer modo, não o fiz. Depois, não houve comunicado algum me informando que havia um problema. Nesse caso, teria sido o envio de uma fatura. Sem comunicação, eu não tinha ideia de que havia um problema. Agora, muitos meses depois, já não era mais algo simples. A falta de comunicação fez com que esse "pequeno monte" se transformasse em uma montanha. A confiança foi quebrada porque suposições foram feitas e ações foram tomadas em conformidade com elas.

Os amigos podem se tornar adversários quando a comunicação é ignorada ou desconsiderada. Quando isso acontece, o terreno para que a comunicação se transforme em confronto é preparado, o que poderia facilmente ter sido evitado.

> Quando tira tempo para se comunicar, você nunca desperdiça energia.

A antiga máxima "A frustração termina onde começa a boa comunicação" é a chave.

Quando tira tempo para se comunicar, você nunca desperdiça energia. Relacionamentos exigem comunicação – comunicação clara, constante e condizente. Relacionamentos conjugais exigem ainda mais. Por quê? Porque há muitas facetas no casamento. Pense nisso. Finanças, filhos, agendas, trabalho, lazer, saúde, responsabilidades externas etc.

É aqui que os relacionamentos se rompem, muitas vezes. Em vez de perguntar mais, investir na comunicação ou buscar uma avaliação sincera dos argumentos dos dois lados, decidimos trocar acusações. No caso dessa empresa, eles viram que minha empresa não lhes havia pagado a conta, mas não estavam dispostos a reconhecer que haviam cometido um erro ao não debitarem no meu cartão ou me enviarem uma fatura cobrando o valor devido. A reação tola, muitos meses depois, não representava uma comunicação. Em vez disso, representava a frustração e a incapacidade de ver e reconhecer a parte deles no problema. Agora era difícil ter uma comunicação normal. Nesse caso, eu não me sentia mais como um cliente de valor. Não sentia mais que estávamos trabalhando juntos ou mesmo que pudéssemos trabalhar juntos no futuro.

Uma comunicação simples acerca desse lapso poderia ter evitado o que agora era um problema importante. Agora tínhamos de nos reconciliar para avançar. Eu tinha perdido a confiança deles, mas eles também perderam a minha.

Compartilho essa história porque ela mostra a importância da comunicação e como algo ruim pode arrasar rápida e facilmente um relacionamento quando não é tratado imediatamente e com a perspectiva correta. A boa comunicação pode ajudar a evitar frustração e confronto desnecessário.

Finalmente, lembre-se de que o processo de restauração da confiança vem com o tempo. Uma vez quebrada a confiança, existem ações que devem acontecer, a fim de promover a sua restauração. Oferecer confiança cegamente na esperança de que a outra pessoa tenha mudado é agir com ignorância, e não com sabedoria. Uma coisa é fé, outra, bem diferente, é tolice.

Barbie escolheu *me dar* confiança, mas isso porque ela viu minha disposição em fazer as mudanças necessárias em minhas ações e comportamentos. Não pedi apenas para ela confiar em mim. Dei passos para *mostrar* a ela que eu desejava receber confiança e que podia recebê-la. Eu disse-lhe que reconhecia meu erro. Ela *me deu* sua confiança, mas eu estava *conquistando* a confiança dela. Confiança se dá. Confiança se conquista.

Pode ser que você esteja na infeliz posição de alguém que quebrou a confiança de seu companheiro, amigo ou chefe. Você se arrependeu e fez mudanças para restaurar a confiança, mesmo assim não a recebeu em troca. Ela ainda não foi restaurada. Eu quero encorajá-lo a continuar sua jornada. Você não é responsável pelas ações dos outros, somente pelas suas. Você não pode forçar ninguém a confiar em você. Não pode exigir que alguém confie em você. Eles precisam tomar essa decisão e chegar a essa conclusão em seu próprio coração. A confiança é uma mercadoria preciosa, uma mercadoria que nem sempre valorizamos como deveríamos, até que se perca.

Quando alguém lhe dá um presente, isso deve ser estimado. Trata-se aqui de uma verdade, especialmente no que diz respeito ao casamento, e confiança é um presente. Segure-a bem e proteja-a. A confiança é uma das coisas mais vulneráveis que alguém pode oferecer em um relacionamento.

> A confiança é uma mercadoria preciosa, uma mercadoria que nem sempre valorizamos como deveríamos, até que se perca.

A pergunta é: você a valoriza? Você a guarda bem perto do coração? Cada um de nós tem a responsabilidade de carregá-la bem, tratá-la com amor, respeitá-la e considerá-la como algo de grande valor.

Deixe-me motivá-lo a não desistir à medida que a confiança vai sendo construída ou restaurada. Não retorne aos velhos hábitos. Deixe a transparência e a confiança tornarem-se quem você é, de modo que desse ponto para frente, a confiança seja a reação natural à sua ação. Depois, ao ter feito tudo que pode fazer, creia que Deus é capaz de fazer o que você não pode. Ele pode restaurar aquilo que foi quebrado. Esse é o lugar em que milagres começam a acontecer.

# OS PASSOS PARA A CONFIANÇA

## FORÇADOS

substantivo: **confiar**
**con-fi-ar**

1. (a) confiança garantida no caráter, capacidade, força ou verdade de alguém ou alguma coisa
   (b) algo em que se coloca confiança
2. dependência de alguma coisa futura ou fortuita: esperança
3. Confiabilidade
4. uma responsabilidade ou obrigação imposta em fé ou
   confiança ou como condição de algum relacionamento
   Sinônimos: fidúcia, crença, fé, certeza, segurança

O terceiro passo na construção de um casamento que atinge o objetivo final de unidade é
o vínculo importante da confiança. No desenho do bolo de casamento, a confiança é nossa terceira
camada. Quanto mais alto subimos no bolo, melhor
a visão ou percepção do nosso casamento. Quando
estamos no nível térreo de qualquer coisa, sempre é
difícil enxergar, porque há mais "coisas" que entram
em nosso campo de visão. A confiança, estando em

um degrau mais alto, nos dá uma melhor visão global. Ela nos oferece a capacidade de ver mais claramente e é um benefício direto de se viver um casamento que foi construído na transparência e na verdade. A ampla visão é validada pelas sólidas camadas que você já estabeleceu. Pessoas transparentes e verdadeiras têm casamentos transparentes e verdadeiros. É isso que nos faz confiar nesse resultado direto dos dois primeiros degraus: transparência e verdade.

A confiança é definida como a crença firme na confiabilidade, verdade ou força de algo ou alguém. Observe que a verdade é um fator decisivo até mesmo na definição de confiança. Sem a camada ou degrau da verdade, a confiança é inacessível. A verdade é um ingrediente necessário ao produto final da confiança. Na realidade, se estivéssemos fazendo um bolo, eu diria que se misturasse transparência e verdade, você obteria confiança. Se ignorar ou não adicionar alguns desses dois ingredientes, você não receberá confiança. E a qualidade desses ingredientes determina o nível de confiança que você alcançará.

> Transparência e verdade são nossas ações, e confiança é a reação dada por nosso cônjuge.

Vejamos um dos elementos mais comuns da terra, a água. A água é feita da combinação de duas partes de hidrogênio e uma parte de oxigênio. Sem hidrogênio ou oxigênio, a água não existe. Se adicioná-los na fórmula correta, você pode contar com o fato de que produziram água. Você confia no resultado. A confiança é isso: a capacidade de contar com o resultado.

A água é um grande símbolo da confiança, não apenas nos aspectos físicos, mas por seu símbolo espiritual também. A água é considerada o quarto elemento mais poderoso da terra. Espiritualmente, ela representa vida. É um dos temas mais importantes em toda a Bíblia. Há uma passagem que diz: "Mas quem beber da água que eu lhe der nunca mais terá sede. Ao contrário, a água que eu lhe der se tornará nele uma fonte de água a jorrar para a vida eterna."[24] É isso que a confiança deveria ser em um casamento. Ela tem propriedades eternas e duradouras que dão longevidade e intensidade ao relacionamento. Do poço da transparência e da verdade flui a confiança. Isso se torna uma força provedora de vida para o seu casamento.

A confiança no casamento, como a água para o corpo, se torna o fundamento básico para o crescimento da unidade com seu cônjuge. Se a confiança estiver racionada ou fraca, não é preciso muito distúrbio para arruinar ou enfraquecer o casamento. Seu corpo físico não pode funcionar sem água por mais de três ou quatro dias antes de começar a parar. Quanto tempo você acha que seu casamento pode durar sem a confiança como parte da base fundamental para a unidade da relação?

Assim como nosso corpo deve ser reabastecido continuamente com água para sobreviver, assim nosso casamento deve reabastecer-se com confiança para passar pelas intempéries das tempestades e provações da vida.

## A CONFIANÇA É UMA REAÇÃO

Lembre-se, a confiança é onde começamos a receber os benefícios do casamento. É um subproduto do que é trazido ao casamento pelos indivíduos. A transparência e a verdade são nossas ações, e a confiança é a reação demonstrada por nosso cônjuge.

Cada um de vocês, de boa-fé, traz ao relacionamento as pedras preciosas da transparência e da verdade, crendo que suas ações criarão o elo necessário para a outra pessoa liberar confiança – a reação dela. A beleza no passo três é que, uma vez estabelecidas a transparência e a verdade, há uma força inicial para crescer em unidade e fé um para com o outro. A confiança é a base para isso.

À medida que você cresce em confiança em níveis sempre crescentes, logo ela produzirá o fruto supremo da unidade. Esse é o objetivo maior e o prêmio de nossos casamentos.

## CONFIANÇA CULTURAL

A confiança não é algo que nos vem naturalmente. Na verdade, em nossas interações culturais e sociais, somos programados a desconfiar desde pequenos. Vivemos em um mundo que reforça constantemente a mensagem de que tudo gira ao nosso redor e de nossa necessidade imediata de satisfação e prazer. Se engolir essa teoria e crer que o centro de seu mundo é você mesmo, será difícil entender o conceito da aliança do casamento e o que significa quando dois se tornam um.

No mundo de hoje, somos sutilmente empapuçados com o autoaperfeiçoamento, autoconhecimento e outras tendências egoístas. Alguns chamam isso de geração do "EU". Tem-se produzido a crença de que se eu confio em alguém, estou entregando a essa pessoa o controle ou poder sobre a minha felicidade. Entretanto o que estaria errado nisso?

Ora, segundo as regras da cultura atual, pessoas fortes e corajosas não precisam de outras para fazê-las felizes ou chegar ao topo — exceto, claro, para usá-las como degraus na escada para o sucesso. O conceito de TIME deu lugar ao ego. E criou a crença de que confiar nas pessoas é uma forma de fraqueza. Por exemplo, há uma crença de que se nós retivermos a confiança, estaremos protegidos, de modo que os outros não possam nos decepcionar. Trata-se de uma reação baseada no medo, que destruirá o amor no relacionamento, pois "No amor não há medo; ao contrário, o perfeito amor expulsa o medo, porque o medo supõe castigo. Aquele que tem medo não está aperfeiçoado no amor".[25]

> A confiança é um processo em que compartilhamos com outro alguém uma posição ou posse específica em nossa vida.

Você consegue ver como nossas tendências culturais são destrutivas para o estabelecimento de um casamento unificado? Se fomos feridos ou machucados alguma vez, seja por acidente ou intencionalmente, por alguém em quem confiávamos, isso nos deixa com menos probabilidade de confiar em outras pessoas no futuro. Pouco a pouco, vamos deixando de confiar nos outros, o que pode criar uma parede como sendo um mecanismo de enfrentamento contra futuras feridas. O triste disso é que nos faz perder os benefícios que vêm do fruto doce gerado pela oferta de confiança à pessoa que amamos.

## CONFIANÇA PESSOAL

A confiança é um processo em que partilhamos com outro alguém uma posição ou posse específica em nossa vida. Em um cenário jurídico, um *trust* cria uma organização ou entidade que oferece propriedade compartilhada. Seja o que for que se coloque no *trust*, não pertence a uma pessoa ou a um indivíduo, mas ao *trust*, que agora controla os ativos e também os benefícios. Um casamento confiável ocorre quando duas pessoas decidem trazer seus ativos de transparência e verdade e dar à outra parte o direito de criar *trust*, isso é, confiança. Um cônjuge tem então a propriedade e o poder de tomada de decisão na felicidade, bem-estar e crescimento pessoal do outro cônjuge. Essa é uma responsabilidade pesada a se considerar. Embora a palavra diga: "Não confie nos outros", os princípios de um casamento ou relacionamento importante exigem que nós desenvolvamos confiança.

A tendência atual nas cerimônias de casamento é de que os casais escrevam os próprios votos matrimoniais. E não há nada de errado nisso. Porém, quando voltamos à cerimônia tradicional de casamento do passado, o compromisso de confiar está incorporado nas frases que o casal repete publicamente perante amigos e família, de permanecer no casamento "na riqueza ou na pobreza" e "na doença e na saúde". O compromisso com essas declarações adiciona confiança ao nosso casamento à medida que nos damos completamente um ao outro. É uma das maiores responsabilidades que um dia assumiremos.

## CONFIANÇA MATRIMONIAL

A confiança é um quesito para se construir um alicerce sólido da unidade conjugal. O que nós fazemos com essa confiança e como a tratamos determina a profundidade de nosso alicerce. À medida que a confiança cresce, crescem exponencialmente a intimidade, a felicidade e o crescimento pessoal de cada indivíduo. Provérbios 3 nos dá uma passagem excelente referente aos benefícios de se confiar em Deus: "Meu filho, não se esqueça da minha lei, mas guarde no coração os meus mandamentos, pois eles prolongarão a sua vida por muitos anos e darão a você prosperidade e paz. Que o amor e a fidelidade jamais o abandonem; prenda-os ao redor do seu pescoço, escreva-os na tábua do seu coração. Então você terá o favor de Deus e dos homens e boa reputação. Confie no SENHOR de todo o seu coração e não se apoie em seu próprio entendimento; reconheça o SENHOR em todos os seus caminhos, e ele endireitará as suas veredas."[26] Creio que todos esses atributos deveriam ser cultivados e aplicados ao nosso casamento também.

Desenvolver a confiança em nosso relacionamento conjugal é um dos princípios mais sábios sobre o qual você pode basear-se para alcançar o "felizes para sempre" que você e seu cônjuge desejam. Quando isso acontecer, vocês estarão vivendo em unidade.

**Nota ao Leitor:**
Vá para o fim do livro (página 207), na seção "Dando o Próximo Passo", e preencha a avaliação sobre Confiança.

# UNIDADE

"Onde há unidade sempre há vitória."[27]
*Publilius Syrus*

# CAPÍTULO 12

## UM LUGAR DE PODER

Em minha opinião, o maior milagre em um casamento é que dois se tornam um. Dois indivíduos totalmente distintos tomam a decisão de entrar em uma aliança para a vida toda, a fim de tornarem-se algo novo – algo melhor. Casamento baseia-se em escolhas e decisões. A decisão de amar. A decisão de casar-se. A decisão de oferecer transparência, verdade e confiança. E a decisão de permanecer no casamento mesmo quando as coisas ficam extremamente difíceis.

Barbie e eu já tínhamos saído de situações "extremamente difíceis" por três vezes. A primeira vez foi depois do assalto à mão armada, depois, com a falência e finalmente quando aconteceu outra vez um assalto, sete anos mais tarde. *Déjà-vu*. Estávamos para alcançar o ponto de dificuldade extrema número quatro.

Embora eu ainda não tivesse chegado aos cinquenta anos, a atividade física era um desafio para mim. Coisas simples como aparar a grama demandavam muito mais de mim do que parecia normal. *"Apenas estou fora de forma"*, pensei, e tomei a decisão de contratar um *personal trainer* e começar uma tonificação muscular séria. Nossa primeira sessão foi um tanto reveladora.

Sou um cara normal, e por isso estava determinado a impressionar o professor com minhas proezas físicas. Porém, com a continuação da sessão de exercícios, me senti fisicamente caindo aos pedaços. Tudo era uma luta. Um dos últimos exercícios que ele me pediu para fazer deveria ter sido fácil. Ele colocou uma prancha reta sobre uma bola grande e pediu que eu me equilibrasse nela. Subi na prancha e me esforcei para posicionar os pés em ângulos opostos. Mas não importava todo o esforço que fizesse, eu não conseguia. De forma nenhuma. O treinador olhou para mim. Eu praticamente podia ver os movimentos em seu cérebro pensando: *Quem é esse fracote?* Contudo, para o próprio bem, ele não disse nada e tentou me motivar. Os exercícios duraram de 45 minutos a uma hora, mas eu estava completamente exausto. Meu único pensamento no final era como eu iria conseguir chegar até o carro. Era a mente controlando o corpo, um pé à frente do outro, até que finalmente consegui atravessar o estacionamento até o carro e me atirar no banco do motorista. Tive de descansar por mais 45 minutos antes de ser capaz de dirigir até em casa. Como eu podia estar tão fora de forma?

Praticamente um mês depois, entendemos o motivo. Eu estava apenas a alguns quilômetros do trabalho quando parei em um cruzamento e outro veículo bateu na traseira do meu carro. A motorista estava correndo tanto que seu carro – de tamanho e peso médios – empurrou meu Cadillac quatro portas e pesado para frente por causa do impacto... bem no cruzamento. Um policial em uma motocicleta que vinha na pista ao lado testemunhou o acidente e mais que depressa pulou da moto para ajudar.

Sem pensar, tirei meu cinto de segurança e saí do carro. O policial e eu nos dirigimos ao outro veículo. A mulher que batera em meu carro parecia não estar ferida, mas, ao sair do carro, ela estava tão atordoada que começou a caminhar pelo cruzamento. Certamente ela não estava bem. Seus olhos brilhantes e avermelhados diziam muito. Pegamos os seus braços e a puxamos de volta para um lugar seguro. Os dois carros podiam andar, então o policial nos instruiu a parar em um estacionamento próximo. Enquanto o policial conversava com a mulher e lhe aplicava uma multa, eu me sentei na porta do carro, com as mãos na cabeça.

— Você precisa de uma ambulância? — perguntou o policial mais de uma vez, observando meu jeito.

— Eu estou bem — respondi. No entanto eu não estava nada bem.

No dia seguinte marquei uma consulta com meu médico quiroprático. Aquele telefonema provavelmente salvou minha vida. Depois de qualquer acidente, normalmente há dor e aflição. Entretanto, o grau de dor que eu estava sentindo era mil vezes maior. Era como se tivessem agulhas penetrando por todo o meu corpo. A dor e a pressão em minha cabeça eram praticamente insuportáveis.

Quando cheguei ao consultório, o médico fez vários exames.

— Hum. Interessante! — ele comentou num dado momento ao escrever algumas coisas em minha ficha, porém não deu mais detalhes. No fim, ele me mandou para casa e me instruiu a descansar. É fácil falar e difícil fazer quando a dor está irradiando para todo lugar. Contudo, na manhã seguinte, quando me dirigia ao trabalho, eu experimentei o que poderia chamar de um "apagão temporário". Tudo em meu corpo escureceu de repente por alguns segundos e depois voltou. Estava dirigindo naquele momento e lembro-me de estar em um lugar na estrada e acordar bem mais para frente. Eu estava assustado. Quando cheguei ao escritório, liguei novamente para o médico.

— Vou encaminhar-lhe para fazer uma ressonância magnética, Mike. Você precisa fazer isso imediatamente.

Essa foi minha primeira ressonância magnética – a primeira de muitas e o início de outro solavanco inesperado no caminho que Barbie e eu enfrentaríamos no casamento. Os votos que fizemos na cerimônia de casamento ao declarar "na doença ou na saúde" estavam para ser colocados em xeque.

Uma visita a três neurologistas e uma bateria de exames não ofereceram um diagnóstico conclusivo. Depois de pesquisar, um neurocirurgião me deu os nomes de dois especialistas no país que tinham experiência no meu caso. Telefonei e depois reservei uma passagem aérea para o Colorado, a fim de passar por um deles. Foi aí que as coisas começaram realmente a ficar interessantes.

— Mike, você tem uma malformação no tronco encefálico – começou o especialista.

Ele não suavizou as notícias. A pressão por longo prazo em meu tronco encefálico, por causa de uma malformação não diagnosticada, que provavelmente estivera ali desde meu nascimento, havia causado uma deterioração em meu sistema nervoso central. As frequentes dores de cabeça que eu sofrera em minha vida, meu desafio em andar quando criança, a dor intensa nas articulações e os músculos que queimavam regularmente, bem como minha recente incapacidade de realizar tarefas simples como aparar a grama, fazer exercícios ou até mesmo lembrar-me das palavras de uma frase, tudo fazia sentido, finalmente. O médico explicou que a pressão em meu tronco encefálico estava tão grave agora que poderia ter sido pior. O prognóstico não era bom. Ele continuou explicando que qualquer impacto maior poderia causar paralisia completa ou até me matar. Foi um milagre o acidente não ter causado nenhum dos dois.

— Mike, essa malformação é tão rara que ainda não sabemos muito sobre ela. Geralmente é descoberta quando os pacientes são jovens e os sintomas podem ser tratados mais cedo. Infelizmente não temos a cura. Podemos apenas tentar minimizar danos extras.

> A vida nem sempre é do jeito que esperamos.

Deixe-me analisar seu caso. Eu não o quero operar a menos que seja totalmente necessário, Mike, porque eu garanto que vai mudar sua vida.

Você já enfrentou uma situação em que sabia que iria mudar a sua vida de modo negativo e, ainda assim, não tinha controle sobre o processo ou o resultado? Era grave. A vida nem sempre é do jeito que esperamos. Certamente não é sempre justa. Barbie e eu já havíamos passado por tantas, mas agora nos encontrávamos em uma oportunidade novíssima de aprender como praticar a confiança.

Voamos de volta para casa após termos passado por uma semana de exames no Colorado, com o especialista da equipe médica. Esperávamos que as coisas voltassem ao normal. Eu estava perto de aprender que "normal" não era um termo que poderia ser aplicado a mim novamente. Cerca de uma semana depois, recebi a ligação do neurocirurgião.

– Mike, estudei o caso por todos os ângulos e a cirurgia é inevitável. Sem ela, a pressão em seu tronco encefálico pode levar os nervos a um curto-circuito e desligá-los. Quando isso ocorre, eles não podem ser restaurados. Se eles desligarem, seu corpo poderá começar a desligar a qualquer momento.

Agora não era mais a questão de "se" minha vida mudaria, mas "quando".

Ao enfrentarmos uma crise, especialmente uma que nos apresenta a face da morte, descobrimos do que de fato somos feitos. Também é onde descobrimos do que é feito nosso casamento. Ao discutirmos a cirurgia que se aproximava, Barbie e eu tínhamos de encarar os fatos. A notícia ruim era que eu poderia morrer. Se eu sobrevivesse, o médico explicou que era bem provável que eu não saísse da cirurgia com a capacidade de fazer as coisas da mesma forma que antes. Porém, eu não tinha chance mesmo.

Juntos, Barbie e eu tomamos a decisão de ir adiante com a cirurgia o mais breve possível. O médico agendou-a. Tínhamos apenas quatro semanas para nos preparar e pôr em ordem a empresa e nosso relacionamento, caso o pior acontecesse. Voamos de volta ao Colorado apenas alguns dias depois do Dia de Ação de Graças. É aqui que posso compartilhar com vocês acerca do poder do último passo da unidade.

A unidade no casamento ou em qualquer relacionamento é o fruto da bênção proveniente da aplicação dos três passos anteriores. Quando instituímos o alicerce da transparência e escolhemos misturar com verdade, a confiança se desenvolve. Quando os três estão funcionando em um relacionamento, o resultado é unidade – um lugar de concordância, paz e felicidade sincera. Embora estivéssemos enfrentando o pior naquele momento, estávamos enfrentando-o juntos, em unidade. E, de algum modo, sabíamos que passaríamos por isso de mãos dadas.

Não vou mentir. O feriado do Dia de Ação de Graças foi difícil naquele ano. Poderíamos facilmente ter olhado para o futuro e decidido que não havia muito pelo que ser grato. Porém, sempre fui mais otimista do que pessimista. Se analisado daquele ponto de vista otimista, nós tínhamos uma quantidade enorme de razões pelas quais podíamos dar graças. Eu estava vivo. Eu tinha Barbie e meus filhos. Nossa empresa estava próspera e gerando lucro. Estávamos colhendo o fruto do trabalho árduo para restaurar aquilo

> Quando instituímos o alicerce da transparência e escolhemos misturar com a verdade, a confiança se desenvolve. O resultado é unidade.

que fora quebrado em tantas áreas. Era interessante quando olhávamos para trás, para as adversidades anteriores que havíamos sofrido. Na verdade, elas nos deram a oportunidade de nos tornarmos muito mais fortes.

Barbie e eu estávamos em unidade. Ela estava irredutivelmente ao meu lado, e minha família também. Quando voamos para o Colorado após o Dia de Ação de Graças, não éramos apenas Barbie e eu, mas minha filha e meus pais, que puderam ir também. Eles se uniram a nós como que formando uma parede de proteção em minha volta. Estávamos unidos, prontos para encarar o futuro, independente do resultado... juntos.

# CAPÍTULO 13

## NÃO ACONTECE SIMPLESMENTE

A unidade é uma força poderosa. Madre Teresa certa vez explicou isso do seguinte modo: "Eu consigo fazer coisas que você não consegue; você consegue fazer coisas que não consigo; juntos, podemos fazer grandes coisas."[28] Quando olhamos a unidade do ponto de vista espiritual, a perspectiva é ainda maior: "Um só persegue mil, e dois fazem fugir dez mil."[29]

Se entendêssemos a profundidade dessas declarações como casais, deveríamos ser constrangidos a colocar todos os esforços na tomada de medidas necessárias para atingir esse nível de compromisso em nosso relacionamento. No casamento, a unidade só pode chegar quando abrimos mão do "eu" para nos tornarmos "nós".

O que significa atuar em unidade? É mais do que simplesmente um lugar de concordância. É nossa base de força e poder.

Toda vez que temos números, aumentamos nossa força. É quando estamos sozinhos que somos mais vulneráveis. Pense no reino animal. A maioria dos animais caça em pares ou em bando. Por quê? Porque há força nos números. Os que são apanhados são os que estão feridos ou se separaram do rebanho. São alcançados quando estão sozinhos.

Quando o marido e a esposa dão os braços e permanecem juntos, o poder deles é multiplicado e se torna muito mais difícil um deles sucumbir no ataque. Não é mais $1+1 = 2$. É uma multiplicação de força. Foi isso que Barbie e eu experimentamos quando chegamos ao consultório médico e eles começaram o longo processo de preparar-me para a cirurgia. Eu não estava só. Barbie estava comigo, enfim, minha família estava comigo. O mais importante em nosso casamento é que Barbie e eu tínhamos fortalecido nossos números ainda mais ao trazermos Deus conosco para dentro da equação. Não éramos dois somente, mas três. Tínhamos aumentado

> No casamento, a unidade só pode chegar quando abrimos mão do "eu" para nos tornarmos "nós".

nossa força mais uma vez, conforme essa passagem mostra: "Um homem sozinho pode ser vencido, mas dois conseguem defender-se. Um cordão de três dobras não se rompe com facilidade."[30]

Após hospedar a família em um hotel próximo, nos dirigimos ao hospital para que eu pudesse ser internado. Já no quarto, as enfermeiras ficaram no vaivém pelo restante do dia, a fim de tirar sangue, verificar os sinais vitais e inserir catéteres preparando-me para a cirurgia na manhã seguinte. Barbie e eu conversávamos, enquanto o pessoal da equipe médica entrava e saía do quarto a todo instante. Em algum momento no meio da tarde, meu telefone tocou. Já que estava no meio dos preparativos, eu atendi. Era importante.

O gerente de vendas de uma grande loja de varejo nacional estava ligando para colocar minha mais nova linha de produtos em suas lojas. Balancei a cabeça em espanto. Normalmente, uma empresa nova, com um produto novo, teria de "colocar a porta abaixo de tanto bater" para que uma cadeia nacional de varejo analisasse seu produto, e aqui estavam os caras me ligando. Além disso, a sincronia era inacreditável. Lá estava eu, um dia antes da cirurgia que ameaçava a minha vida – uma das piores coisas que poderia acontecer comigo –, quando recebi uma ligação que elevaria minha empresa e minhas finanças a um novo patamar: uma das melhores coisas que poderiam me acontecer. Falo por ironia. Porém, eu sabia que não era coincidência. Eu tinha de rir ao me lembrar mais uma vez das palavras de Deus: *Confie em mim.* Estava ficando cada vez mais fácil.

Mesmo ao encararmos aquela que tinha o poder de ser a maior crise em nosso casamento, estávamos olhando para uma das maiores conquistas. Você consegue ver o poder da unidade em ação aqui? A unidade é o vínculo que capacita o casal a suportar as piores tempestades da vida, mesmo quando comemoram vitórias inesperadas.

Nossos esforços e forças são multiplicados quando nos unimos a outros. Esse é um princípio que se aplica não somente ao casamento, mas aos negócios. É chamado de EQUIPE. O simples significado de equipe é um grupo de pessoas que se junta em unidade para alcançar um resultado desejado. E funciona, quer seja uma equipe de esportes, uma equipe empresarial ou um casamento. Tem a ver com unir nossos dons e talentos, ou seja, os pontos fortes de cada um, para criar um todo mais forte. Quando aplicamos essa definição e acrescentamos Deus ao cenário, os resultados são muito acima do esperado. Era isso que eu estava vendo em minha empresa agora. Sorri ao desligar o telefone. Eu já estava vendo a recuperação pós-cirúrgica, confiante de que, independente do resultado, eu podia confiar em Deus.

A expectativa era que a cirurgia durasse quatro horas. Eu era o primeiro da lista naquela manhã. A enfermeira deu início à injeção intravenosa que me apagaria enquanto me levava do quarto em direção ao hall em uma cadeira de rodas. Eu tinha a parte mais fácil na equação. Eles simplesmente me punham para dormir enquanto todos os demais faziam o trabalho. Barbie e a família tinham a parte mais árdua. Esperar.

A cirurgia durou mais que o esperado. Mais cedo, eu assisti a um vídeo do procedimento, ou pelo menos o máximo que consegui, na internet. Você não é capaz de imaginar como eu estava feliz porque seria apagado! O cirurgião teria de perfurar meu crânio e cortar uma parte do escalpo para acessar a área afetada.

> A unidade é o vínculo que capacita o casal a suportar as piores tempestades da vida.

O corpo é uma coisa incrível. Em casos como o meu, onde há uma área que é frágil, o corpo compensa. Neste caso, o crânio fica mais espesso para formar uma camada protetora. Os cirurgiões já esperavam por isso. O que eles não esperavam era meu crânio ter ficado tão espesso, o que atrasou consideravelmente a cirurgia, já que demorou mais tempo para perfurar. Barbie e minha família sempre me chamaram de "cabeça-dura"; mas isso só lhes deu a prova médica.

Antes da cirurgia, o médico nos avisou que eu sairia diferente de como estava entrando.

— Em essência, seu cérebro vai reiniciar — explicou ele.

— Bom, se for reiniciar, espero que eu venha a ser um Mac e não um PC — falei brincando.

— Já tive pacientes como você — disse o médico com um sorriso apagado, enquanto ia explicando o que eu poderia esperar após a cirurgia. — Coisas que são importantes para você agora provavelmente não serão após a cirurgia. E coisas que não são importantes agora podem tornar-se problemas imensos — ele me explicou. Ele foi lendo a lista de possíveis efeitos colaterais, nenhum dos quais era bom: paralisia, depressão, perda de memória e náusea forte, apenas para nomear alguns. Era com isso que Barbie tinha de lidar, enquanto ela e a nossa família aguardavam na sala de espera pela informação de que a cirurgia estava completa e que eu estava fora de perigo.

Finalmente, depois de seis horas, a cirurgia acabou. Ainda com o uniforme do centro cirúrgico, o neurocirurgião veio informar a Barbie e à família de que eu já estava na sala de recuperação. Ele fez um sinal de positivo ao explicar o que poderíamos esperar nos próximos dias. Agora, era apenas um jogo de paciência para ver como eu iria "reiniciar".

Minha filha Melissa, assim como Barbie, nunca saiu do meu lado. Eu me lembro de olhar para ela durante o processo de recuperação com um novo olhar.

Ela não era mais apenas minha menininha. Havia se transformado em uma mulher amável, gentil, compassiva e bela. Meu coração se enchia de amor e orgulho. Ela e o seu namorado Josh (que mais tarde tornou-se seu marido) vieram para dar apoio de maneira que jamais poderíamos compreender. Eles fizeram questão, quando retornamos para casa e Barbie teve de retomar o trabalho, de que eu não fosse deixado sozinho durante o processo de recuperação de três meses, e iam revezando com seus horários corridos na faculdade para estarem comigo, prepararem o almoço ou atenderem minhas necessidades. O relacionamento se tornou especial e se estendeu até o presente, já que Melissa agora trabalha conosco em nossa empresa.

Já fora da recuperação, fui levado à UTI. Melissa juraria que eu já estava de volta ao "normal" e ainda ri do incidente que ela insiste em ter testemunhado, exatamente um dia após a cirurgia. Sentada na cadeira ao lado do meu leito na UTI, ela havia colocado meu celular na bandeja do paciente, onde são colocadas as refeições e a água. Meu telefone era um elo vital com meus funcionários e com os detalhes que eram de minha responsabilidade na empresa. Melissa estava trabalhando para manter as coisas andando até que eu pudesse voltar àquele papel. Por isso, mantinha meu telefone ligado e próximo dela durante o dia, a fim de atender qualquer ligação que viesse da empresa. Menos de 24 horas após a cirurgia, meu telefone tocou. Antes que ela pudesse levantar da cadeira para pegar o telefone, eu já o tinha agarrado e respondido: "Unity Cross, em que posso ajudá-lo?" Eu estava cheio de analgésicos naquele momento e duvido que fosse possível levar uma conversa adiante, mas meu instinto em fazê-lo havia reiniciado, sem dúvidas. Melissa riu ao pegar o telefone da minha mão e finalizar a ligação. Sim, eu estava no caminho da recuperação, e até o momento as coisas pareciam bem. Porém, isso não significa que minha recuperação foi moleza. Tive de aprender a andar novamente, sem perder o equilíbrio. Tive de aprender como deitar e sentar, por causa da tensão que isso gerava em minha cabeça. Tive de reaprender como focar meus olhos por causa da pressão nos nervos ópticos. Na realidade, o processo de recuperação continuará o restante de minha vida.

O médico me liberou dois dias mais cedo. Uma vez mais, Barbie estava no banco do motorista, os dois mantendo a normalidade, literal e figurativamente, já que me disseram que eu não poderia dirigir por no mínimo três meses. Ela poderia ter ficado muito frustrada por ter de assumir o papel principal de novo, porque havia muitas coisas que eu não seria capaz de fazer durante minha recuperação. Algumas coisas, tais como levantar peso... inclusive coisas acima de 2,5 quilos, eu jamais poderia levantar de novo, por causa da pressão que poderia exercer sobre meu tronco encefálico. A vida, sem dúvidas, seria diferente para nós dois.

Enquanto Barbie me empurrava em uma cadeira de rodas pelo aeroporto para embarcar no avião de volta para casa, eu estava extremamente consciente de minha aparência. Minha nuca estava raspada e tinha 36 pontos que iam do topo da cabeça à base do pescoço. Minha aparência devia estar um horror. Eu estava mais sem graça pela Barbie.

Minha esposa era uma mulher linda. No colégio, ela era a rainha do time de futebol americano, e quando entrava em campo, ela era notada por sua beleza interior e exterior. Os anos foram generosos com ela, e era comum que os homens virassem para trás e dessem outra olhadinha quando ela passava. Ela poderia ter o homem que quisesse. E mesmo assim, escolheu ficar comigo. Nesse momento, eu me sentia como o Frankenstein. Mas Barbie me tratava com tamanho amor e compaixão que muitas vezes me levava ao choro. Como eu podia ser tão privilegiado?

Deixe-me incluir aqui a importância de um alicerce no casamento que seja baseado em mais do que características físicas temporais. Se seu relacionamento atual ou casamento baseia-se somente em aparência ou popularidade, ele não durará. Já estou lhe avisando, isso não sustentará seu casamento. As características externas desaparecerão e mudarão. É o que está no coração que constrói um relacionamento. Remete à transparência, que cria a plataforma para a intimidade. A intimidade pode ser definida como "ver dentro de mim". É permitir que seu cônjuge olhe dentro do seu coração e da sua alma e estabeleça uma comunicação que vai muito além de simples palavras.

Sem nenhuma dúvida, os votos de nosso casamento foram testados. Havíamos passado pelos desafios do "na riqueza e na pobreza" e "na saúde ou na doença". Nós tínhamos compartilhado os tempos bons e os ruins. Ao mesmo tempo que é quase sempre mais fácil lembrar e refletir sobre o que é ruim no casamento, especialmente na crise, é importante refletir sobre o que foi bom. Barbie e eu compartilhamos muitas coisas boas... Criar dois filhos incríveis, férias familiares divertidas, excelentes amigos e família. Esses componentes também eram muito parte daquilo que constituía nosso casamento. Meu diagnóstico e cirurgia eram simples lembretes de o quanto a vida pode ser transitória e imprevisível. Eu nunca quero deixar de dar valor a cada novo dia. Não quero deixar de valorizar a minha esposa, ou ao presente que é a sua amizade, porque, no final das contas, é aí que o casamento começa e termina – com a amizade.

É uma boa hora para você avaliar sua amizade com sua esposa. *Vocês são amigos?* Ou a necessidade das lutas diárias matou as coisas que uniram vocês no início? Vamos admitir. Todos nós mudamos com o tempo. Nossos interesses podem mudar, nossos amigos podem mudar, nosso emprego pode mudar, nosso tempo de vida mudará. Muitas vezes o casal lutará para ganhar equilíbrio novamente quando os filhos tiverem crescido e saído de casa, porque o foco nos filhos excedia o foco um no outro. Lembre-se de que o casamento começou apenas com vocês dois, e é para aí que vai voltar – somente vocês dois. Não se esqueça de continuar a investir em seu casamento assim como investe em seus filhos, de modo que a amizade que estabeleceu o estágio para o casamento no início seja a amizade que continuará a crescer e florescer rumo ao crepúsculo, ou seja, aos últimos dias. É onde Barbie e eu estamos hoje.

Vale a pena repetir aqui um dos meus ditados favoritos. As decisões que tomamos hoje, sem dúvida, afetarão nosso amanhã. Eu tomei a decisão de mudar e de oferecer à Barbie o que ela precisava e o que ela merecia em um relacionamento. Dei o primeiro passo da transparência: oferecer a verdade e reconstruir a confiança. E hoje estamos caminhando em uma unidade que eu oro para que todo casal possa experimentar. É verdadeiramente o céu na terra – nosso casamento "até que a morte nos separe".

Alguém me perguntou recentemente sobre meus hobbies ou o que mais gosto de fazer. Não tive de pensar para responder. Nem por um momento. Meu *hobby* favorito é passar tempo com Barbie. Gosto muito de segurar a mão dela, sentar ao seu lado e ver o pôr do sol, sair para jantar e conversar com ela. Ou somente sentar na frente da lareira onde nem se precisa conversar. Pois Barbie verdadeiramente é minha melhor amiga. Não consigo imaginar a vida sem ela. Nós simplesmente combinamos como duas peças de um quebra-cabeça. Os dois se tornaram um. Pense nisso como queijo e goiabada, raio e trovão, café e cookies.

> Não se esqueça de continuar a investir em seu casamento assim como investe em seus filhos.

E por falar em café e cookies, foi isso que se tornou o trampolim para o início de outro casamento necessitado de um milagre.

## CAPÍTULO 14

## UM LUGAR DE MILAGRES

Randy era meu amigo de muitos anos e um empresário bem-sucedido. Nós já havíamos compartilhado sonhos e ideias e motivado um ao outro nos bons e nos maus momentos. Eu estava no processo de escrever este livro, e tendo Randy sentado ali na minha frente no escritório, compartilhei com ele os princípios de transparência, verdade, confiança e unidade. Nossa conversa mudou de rumo imediatamente. O que ele disse em seguida me pegou totalmente de surpresa.

— Mike, eu preciso deste livro — começou ele ao pressionar e soltar os dedos entre as mãos. O tom de sua voz chamou minha atenção. Houve uma pausa longa antes de ele continuar. — Duas semanas atrás eu ajudei minha esposa, com quem estou casado há mais de vinte e cinco anos, a sair de nossa casa.

Randy mantinha a cabeça baixa enquanto complementava com o porquê e como isso aconteceu. Na realidade, a história dele não era muito diferente da minha. Ele não havia oferecido à sua esposa a transparência e a verdade completa no início do casamento, e agora, depois de todos esses anos, ela ainda estava lutando pela necessidade que tinha desses elementos básicos. Porém, Randy também estava lutando.

— Ela precisa superar isso — insistia ele. — Mike, não se trata de problemas novos. Foi tudo resolvido anos atrás.

Pode ter sido resolvido na cabeça dele, mas certamente não na dela.

— Randy, a frase mais comum usada em toda cerimônia de casamento é "O amor é paciente" — expliquei. — Você precisa ser paciente enquanto ela lida com esse processo. Dê tempo a ela, dê a mão e passe por isso com ela. — Eu o incentivei a fazer isso. — Pode ser que os sentimentos dela venham de algo distante, mas ainda lhe são muito reais. Em vez de dizer "Depressa, depressa", você precisa trilhar esse caminho pacientemente com ela, enxergar com os olhos dela e entender que ela precisa ver algo diferente. Você precisa ver algo diferente.

Randy e eu oramos antes de ele ir embora naquela tarde. Enquanto ele caminhava em direção à porta do escritório, seus ombros pareciam arcados sob o peso de seu momento no casamento. Continuei a orar por um longo tempo depois que ele se foi.

No dia seguinte, recebi uma visita inesperada. Era Randy.

— Mike, minha esposa acabou de me telefonar. Ela me disse que está em nossa casa fazendo cookies. Estou surpreso e chocado. O que devo fazer?

Enquanto respondia, eu sorria. Estava fácil.

— Diga a ela que você vai passar para pegar dois litros de leite e que estará lá em alguns minutos — respondi.

A esposa dele acabara de estender a mão uma vez mais em confiança. Estava esperando para ver o que ele faria. Embora tivesse saído de casa, ela não havia desistido. O próximo lance dependia dele e do que ele faria. Ela estava *dando* a ele um elemento de confiança. Cabia a Randy valorizar essa iniciativa e mostrar a ela que ele merecia confiança oferecendo-lhe a transparência e a verdade da qual ela precisava. Ela estava oferecendo a ele a esperança de uma segunda chance para recomeçar.

Quando penso em anos atrás, sinto-me grato pela oportunidade de uma segunda chance. Nem todos são tão privilegiados. Nem todos têm alguém como Barbie, que foi capaz e estava disposta a perdoar, estender graça e recomeçar. Eu tinha experimentado uma segunda chance em meu casamento, minha empresa, e agora com minha vida e saúde. Segundas chances são uma forma de milagres.

Após a cirurgia do cérebro, eu tive de retornar para uma avaliação geral. Depois de me colocarem na máquina para outra ressonância magnética, fizeram um eletroencefalograma, que é semelhante a um mapa cerebral que registra as ondas cerebrais. Demorou mais de duas horas, e eu peguei no sono ali na máquina. Quando acabou, a enfermeira me acordou e avisou que havia terminado. Eu me sentei e desci da máquina para me vestir. Os olhos dela se arregalavam enquanto dizia:

— Segundo esses resultados, você não deveria ser capaz de fazer isso.

— Fazer o quê? — perguntei.

— Andar — explicou ela. — Segundo o eletroencefalograma, a parte de trás de seu cérebro quase não emite ondas cerebrais. Você não deveria ser capaz de fazer isso.

Sim, eu sou grato pelas segundas chances, e sou grato por milagres. Espero que você entenda que para dois se tornarem um é somente possível dessa forma – um milagre.

Hoje, à medida que você lê isso e faz um inventário de seu casamento, talvez este ainda não esteja na posição de unidade que eu tenho mencionado. Porém, se você começar a aplicar esses princípios é possível chegar lá. Você precisa estar disposto a fazer o serviço. E casamento dá trabalho mesmo.

Os relacionamentos estão em crise hoje em dia, e a instituição do casamento está sendo atacada como nunca foi. Temos uma geração inteira que agora já é de adultos, cuja metade, no mínimo, foi criada em lares de pais separados. Até mesmo aqueles que foram criados com pai e mãe podem não ter visto um casamento feliz, pois o simples fato de um casal permanecer junto não significa que sejam felizes juntos. O que isso quer dizer é que muitas crianças e jovens de hoje nunca provaram ou presenciaram as características de um casamento verdadeiramente feliz e saudável. Sem essa percepção, a capacidade deles de confiar no compromisso do casamento foi afetada.

> Segundas chances são uma forma de milagres.

O casamento é uma aliança de proteção e intimidade. É o lugar onde você pode desnudar a alma e permitir que seu companheiro "veja dentro de você", sabendo que você é total e sinceramente aceito. Infelizmente, muitos nunca viram isso como realidade, por isso se veem vivendo em intimidade forjada, enquanto sua alma anseia por legitimidade.

Uma vez mais sou atraído às palavras que o Senhor falou ao meu coração: *Confie em mim, eu sou com você. Não tem nada a ver com você, tem a ver com o local para onde estou levando você. Tem a ver com seus filhos e a geração dos filhos dos seus filhos. Preciso que confie em mim.*

Finalmente entendi. *Não tinha nada a ver comigo.* Tinha a ver com o legado que eu poderia deixar para a geração dos meus filhos e filhos dos meus filhos. O mundo de hoje está sem liderança transparente, sem verdade absoluta e sem modelo de casamentos unidos. Esse era o quadro maior. Não tinha a ver comigo de maneira alguma. Tinha a ver com transmitir os princípios de transparência, verdade, confiança e unidade, que são o núcleo de todo relacionamento bem-sucedido.

Essa jornada que eu trilhara havia me ensinado acerca do destino. Antes da primeira falência e do assalto à mão armada, eu estive exercendo meu talento, confiando completamente na minha capacidade. Os desafios que experimentei na vida abriram meus olhos para ver as coisas de um modo diferente. Deram-me uma nova perspectiva. Sou apenas mordomo dos dons que possuo, para conduzir meu destino. O destino não tem a ver com a gente mesmo. Tem a ver com ajudar outras pessoas. Quando achamos que tem a ver conosco, é aí que perdemos o foco, nos tornamos egoístas e simplesmente exercemos um talento. Eu queria mais. Queria fazer diferença em meu casamento, com minha família e por toda eternidade. E você?

Permita-me fazer uma pergunta. O que você fará com seu talento? Você pode não ser um designer de joias, ou dono de uma pequena empresa, mas nós dois fomos criados com dons e talentos, talentos que outros precisam. Talvez você seja um excelente ouvinte. Um organizador. Um excelente pintor, mecânico, contador ou professor. Você pode exercer esse talento... usando a própria capacidade para subir na vida, ou pode aprender a andar em seu dom. É a diferença entre adição e multiplicação. Exercer seu talento é o lado da adição. Andar em seu dom o traz para a multiplicação dele. Há uma diferença enorme. Podemos tentar cultivá-lo com nossa capacidade à medida que o "exercemos" ou podemos usá-lo como um dom, levando nossa vida a um lugar de unidade com o Deus que nos criou.

> Pare de exercer seu talento e, em vez disso, decida andar em seu dom.

Uma vez disposto a parar de atrapalhar e deixar a ambição de firmar a empresa — exercendo meu talento —, um processo muito maior começou a emergir. Quando me comprometi e me submeti à mudança, Barbie e eu inauguramos uma nova dimensão em nosso casamento. Consequentemente minha empresa vivenciou a mesma mudança e passou a uma nova dimensão. À medida que meu casamento crescia e prosperava, assim também ocorria com minha empresa. Creio que quando honrei uma, Deus honrou a outra.

Nossa vida tem a ver simplesmente com mordomia. Qual é seu talento? Seu dom? De manhã, se você acordasse e o dinheiro não tivesse importância, o que você faria para promover diferença no mundo? Eu o incentivo a parar de exercer seu talento e, em vez disso, decidir andar em seu dom. É isso que leva a vida a uma dimensão totalmente nova.

Essa dimensão nova nos leva de volta aos princípios básicos de transparência, verdade, confiança e unidade. Ela não pode acontecer sem eles. Não se trata de opções, mas de necessidades para se alcançar um casamento duradouro.

## OS PASSOS PARA A UNIDADE

substantivo: **unidade**

u-ni-da-de

1. um arranjo equilibrado, agradável ou adequado das partes[31]
2. integração ou junção de duas ou mais partes em um todo.

Sinônimos: equilíbrio, simetria, sinfonia, coerência

Quero voltar à frase de Madre Teresa: "Eu consigo fazer coisas que você não consegue; você consegue fazer coisas que não consigo; juntos, podemos fazer grandes coisas"[32], porque acho que ela amplia o que poderia e pode ser o casamento em unidade: algo grandioso. A grandiosidade em um casamento não é obtida enquanto indivíduos, mas juntos como um só. É o produto de se viver uma vida de transparência, falando a verdade e desenvolvendo um relacionamento de confiança. Quando você soma essas coisas, o resultado é a unidade. É o fator decisório que capacita um casamento a superar os desafios que a vida traz e chegar ao ponto de "felizes para sempre". Observe que não é "fácil para sempre" ou simplesmente "para sempre", mas sim *felizes* para sempre".

A unidade é a camada superior do bolo. É onde são colocados os bonequinhos do noivo e da noiva de mãos dadas. Na vida real, é onde os dois escalaram a montanha da vida para estarem juntos sobre um alicerce sólido, que se apoia sobre os degraus da transparência, verdade e confiança. A unidade é definida como a integração ou a união de duas ou mais partes em um todo. É "unicidade". Na cerimônia do casamento, quando você diz "sim", isso se torna a sua declaração da decisão que fez de tornar-se um com seu cônjuge.

Ao olhar para o histórico do meu relacionamento com a Barbie, embora a declaração tenha sido feita no dia da cerimônia do nosso casamento, o "tornar-se um" de verdade tem sido uma peça em processo a cada dia desse casamento. É a jornada para o *destino* no casamento. É propósito deste livro – fornecer as ferramentas necessárias para que pessoas se tornem indivíduos saudáveis, a fim de que possam se unir e crescer como casal. Assim, poderão criar o alicerce para um casamento saudável que dure até o "felizes para sempre". Vamos analisar os "dois tornando-se um" a partir de um exemplo científico, usando uma planta no processo de enxerto.

> A unidade é definida como a integração ou união de duas ou mais partes em um todo. É "unicidade".

O enxerto é uma prática na horticultura, que consiste na junção de dois organismos distintos para formar uma planta nova como em uma árvore. O tecido de uma árvore é enxertado no corte da outra árvore de modo que os dois tecidos possam começar a crescer juntos e tornarem-se um. O lugar onde o corte é feito nas duas árvores cria um local de vulnerabilidade. Esse é o local exato onde os dois são unidos e começam a crescer. Esse processo não ocorre da noite para o dia, como se fossem colados artificialmente um ao outro. Em vez disso, como em um casamento, é preciso que se crie um ambiente saudável em torno do enxerto, o qual permita que o crescimento ocorra. Então os dois tecidos começam a crescer juntos, absorvendo força dessa união. O que antes eram dois organismos vivos distintos inicia o processo de tornar-se um. É muito semelhante à confiança no casamento, e outro passo para se viver em união.

Há diversos propósitos para o enxerto. O primeiro que vem à mente é para aumentar a qualidade ou mudar a característica da fruta que é produzida. O resultado desejado seria que o gosto da fruta que é produzida pelo enxerto das duas árvores seja melhor do que cada fruto que as árvores produziriam separadamente. Se olharmos o casamento como o enxerto de dois indivíduos, o resultado da fruta que as duas pessoas produzem a partir de um relacionamento saudável gera uma fruta/vida diferente e mais saborosa do que eles poderiam alcançar sozinhos. Um é totalmente dependente do outro; caso contrário, a nova fruta não pode ser gerada. A união é um produto ou "fruto" de duas vidas que se unem, quando é concluída e feita em um ambiente saudável.

É muito importante observar que o sucesso do enxerto depende da participação dos dois indivíduos. *Você não pode criar o fruto da unidade em um relacionamento sem a participação voluntária de seu cônjuge.*

Quando dois indivíduos chegam juntos ao ato de vulnerabilidade no casamento, eles começam o processo para tornarem-se um. Nesse processo, eles começam a tolerar-se ou a alegrar-se um no outro, e chegam a depender um do outro, para a saúde geral deles. Observe que esse processo é importante em nosso crescimento espiritual também: *"Eu sou a videira; vocês são os ramos. Se alguém permanecer em mim e eu nele, esse dá muito fruto; pois sem mim vocês não podem fazer coisa alguma."*[33]

Um casamento construído sem transparência, verdade e confiança não acabará em unidade.

## UNIDADE CULTURAL

A música é um agente poderoso e unificador semelhante ao casamento. Ela pode nos fazer querer dançar, pode nos levar ao choro e à ação. A música pode ser uma força mobilizadora ou divisora. Podemos ver isso ao analisarmos o poder unificador de músicas como *We Are the World* (Nós somos o mundo), de Michael Jackson, comparada às letras de violência, agressão e rebelião que uniram uma subcultura com o rap *gangster*.

> Cada casamento tem a capacidade de criar uma balada épica que pode nutrir a alma.

Pessoalmente, eu amo músicas de Natal e o poder que elas têm de aquecer nosso coração e representar a importância da época festiva. Desde os anos de 1980 que me junto às massas e celebro o Natal tocando as músicas natalinas do Mannheim Steamroller todo final de ano. Chip Davis e orquestra conseguiram expandir a linha do tempo e misturar música clássica e rock para criar um culto no estilo de sua apresentação musical.

Eles produziram unidade em diversos níveis. Os músicos não apenas estão tocando juntos, mas na realidade eles unificaram diferentes gêneros musicais que foram criados com séculos de distância. Chip recusou dobrar-se a modismos culturais da música e criou algo que durará para além de sua vida ao escolher reunir um grupo de artistas e crer em um conjunto de princípios diferentes.

Em nosso casamento, deveríamos refletir o mesmo tipo de unidade que vai contra as probabilidades da cultura. Você está disposto a crer em um conjunto de princípios diferentes para defender um casamento de unidade em um mundo de desunidade?

A sociedade diz que o casamento deve durar o tempo que funcionar para você enquanto indivíduo. Infelizmente, muitos creem que a união "para sempre" não existe. Você está disposto a tomar uma posição e recusar dobrar-se a vozes culturais que definem o casamento como coisa do passado ou a monogamia como ultrapassada? O casamento, assim como a música, é uma força poderosa, já que marido e esposa mesclam a harmonia de suas duas vozes e vidas. Cada casamento tem a capacidade de criar uma balada épica que pode nutrir a alma e dar mais poder a uma geração, já que, juntos, vocês criam a própria melodia exclusiva.

## UNIDADE PESSOAL

Eu toquei saxofone do ensino fundamental ao médio. Quando comecei, não havia unidade, somente caos. Estávamos aprendendo as notas e apenas tentando tirar algum ruído dos instrumentos. Tocávamos como indivíduos e não como uma banda. Para nós, o som mais alto era o melhor. Mesmo quando começamos a tocar juntos, realmente não passávamos muito de um bando de indivíduos "tocando as próprias trombetas", todos ao mesmo tempo, em vez de trabalharmos juntos em harmonia. A unidade era o objetivo, mas já que pensávamos somente em nós, tudo que tínhamos era um bando de barulhentos desleixados.

Uma das definições para *unidade* é sinfonia. De que modo isso tem a ver com casamento? Em uma sinfonia, todos os músicos pegam os instrumentos que dominaram a vida toda e oferecem sua capacidade de modo total e completo, para o compositor mesclá-los como uma peça única. O resultado final nos toca. É uma obra-prima. Em uma sinfonia, os músicos nunca *perdem* sua individualidade ou som peculiar, mas, ao deixar para trás o individualismo e se unirem, eles criam uma obra-prima.

> Quando há duas pessoas que se estimam, todos ganham.

No casamento, não deveria ser diferente. Você não perde sua identidade, você a oferece para criar algo maior que você mesmo. O violino é sempre o violino, mas agora se une à trompa para criar uma melodia que não poderia fazer sozinho. O contrabaixo não é ameaçado pelo clarinete, mas entra na harmonia, compasso e afinação corretos para formar uma obra-prima. Cada instrumento mescla-se com os outros, contudo, cada um ainda mantém sua voz singular, mesmo como parte de uma orquestra.

Creio que essa analogia seja importante para entendermos o que nosso casamento pode e deveria ser. Caso enxergue o casamento como abrir mão de algo, ou abandonar seus direitos como individuo, você está errado. Com essa mentalidade, jamais alcançaremos ou viveremos em unidade. O momento em que um músico de uma orquestra (casamento) decide tocar como solista antes da hora, o concerto (relacionamento) todo é impactado de modo negativo. Mas quando cada músico faz a sua parte, cria-se uma obra-prima.

Torne seu casamento uma obra-prima. Unam-se como dois indivíduos que reconhecem ser muito melhores juntos do que separados... compromissados um com o outro. Não tenha medo de que irá perder seu eu. *Escolha dar-se em casamento.* Quando há duas pessoas que se estimam, todos ganham. Isso não dá a um cônjuge o direito de abusar do outro. Se nós, de modo egoísta, pensamos apenas em nossos próprios interesses e exigimos do nosso cônjuge que faça o mesmo, isso não é unidade verdadeira. Você sempre tem importância em seu casamento. Uma sinfonia no casamento permite que partes separadas se unam pela harmonia e, juntas, criem música de qualidade. O resultado é prazeroso não somente para vocês mesmos, mas para todos que ouvem.

## UNIDADE MATRIMONIAL

*"Mas no princípio da criação Deus 'os fez homem e mulher'. 'Por esta razão, o homem deixará pai e mãe e se unirá à sua mulher, e os dois se tornarão uma só carne'. Assim, eles já não são dois, mas sim uma só carne."*[34] No

casamento, o homem e a mulher não são mais dois, mas sim uma só carne. Eles são criados separados, mas por decisão tornam-se um. Gosto de pensar que o diagrama de uma união perfeita de um homem e uma mulher forma um triângulo. Deixe-me explicar. O homem e a mulher estão nos dois cantos inferiores do triângulo com uma linha de compromisso desenhada entre eles, que os unifica à medida que escalam juntos rumo ao topo. Os dois possuem linhas que vão até Deus, que forma a cabeça do casamento, o topo do triângulo. Essas linhas representam individualmente o relacionamento da noiva e do noivo com Deus, e juntos eles completam o triângulo.

Em um relacionamento saudável, é importante que os cônjuges mantenham sua linha vertical direta com Deus. Isso traz estabilidade e saúde espiritual constante à medida que crescem verticalmente em seu relacionamento com Deus, mesmo enquanto permanecem conectados horizontalmente ao companheiro no casamento. À medida que os dois passam pela jornada da vida, quanto mais crescem para Deus, mais crescem como casal. É o triângulo fechado perfeito que protege tanto o relacionamento deles com Deus como o relacionamento de um com outro por meio do casamento.

**Nota ao Leitor:**
Vá para o fim do livro (página 207), na seção "Dando o Próximo Passo", e preencha a avaliação sobre Unidade.

# CAPÍTULO 15

## A PORTA DE ENTRADA PARA O NOVO DESTINO

Tenho uma placa sobre minha escrivaninha no escritório. Do lado esquerdo diz: "Eu nunca disse que seria fácil...", e no lado direito está escrito: "Eu disse somente que valeria a pena." No centro, entre as duas frases, há uma figura de Jesus com olhos que parecem ter o poder de penetrar minha alma. Essa placa é meu lembrete diário de que não importa o quanto as coisas possam ficar fáceis ou difíceis ao longo de nossa vida. Ela não é um indicador de sucesso ou fracasso. Ouço muitas vezes as pessoas criarem frases do tipo: "Bem, já que se tornou difícil, deve ser um sinal de que Deus não quer que aconteça." Tenho grande dificuldade para engolir essa frase.

Às vezes, as coisas mais difíceis que passamos são as que produzem as maiores vitórias. Uma porta fechada não significa necessariamente que devemos ir embora. Por vezes significa "agora não", e devemos simplesmente ser pacientes. Outras vezes, temos de forçar e empurrar para abrir. Em cada circunstância é importante parar, orar e ouvir. Somente assim poderemos ser plenamente convencidos da direção que Deus tem para nós e as escolhas que devemos fazer.

Vamos admitir. Às vezes, a vida é dura. Quando fui diagnosticado com malformação do cérebro, foi difícil. Quando perdemos tudo na falência, foi difícil... duas vezes. Entretanto, valeu cada passo da jornada que se seguiu, já que aprendi a importância da transparência, da verdade e da confiança que desenvolveram a unidade em minha vida e casamento. Honestamente, eu não mudaria nada.

Os momentos difíceis ao longo da jornada me deram a oportunidade de perspectiva e crescimento. Nossa vida dura um suspiro diante da eternidade. Pense nisso. Houve uma multidão de gerações antes de nós, e haverá outras depois de nós. Se tudo correr bem, temos uns setenta ou oitenta anos nesta terra, um pouco mais ou um pouco menos, e fim. Então vem a próxima geração depois de nós, e o mundo continua. O que deixaremos para trás? O que realmente importa? Tem a ver com as escolhas que fazemos e com o impacto que deixamos naqueles cuja vida nós tocamos. Tem a ver com pessoas.

> Vamos admitir. Às vezes, a vida é dura.

Lembre-se de que, quando a hora chegar, nenhum de nós sairá vivo desta vida. Todos nós morreremos e partiremos um dia. O que você quer que as pessoas digam a seu respeito? O que quer que elas conversem e quanto você quer que essa conversa dure? Cinquenta minutos? Uma hora, ou para sempre? Enquanto estava aqui, você causou impacto em sua família, seus amigos ou outros para a eternidade?

Olhando para trás, antes de me deparar com os desafios, eu estava totalmente focado em minha corrida para conquistar. Eu colocava o meu valor no meu trabalho, na minha renda, em meus recursos e no que *eu* podia fazer. O grande *eu*. Achava que podia fazer qualquer coisa. E então a vida aconteceu. E as coisas ficaram difíceis. Realmente difíceis. Porém, cada desafio com que eu me deparava me fazia ir mais fundo. Tornou-se uma oportunidade. Com isso, finalmente aprendi a tornar-me transparente e a importância da verdade, o que me ajudou a desenvolver a confiança que trouxe uma unidade incrível. Posso dizer-lhe que eu jamais trilharia aquele caminho voluntariamente, por causa dos hábitos que eu já havia desenvolvido. Não via a necessidade. Eu jamais teria trilhado aquela jornada se as coisas não tivessem ficado difíceis. Os desafios que enfrentei me forçaram a fazer mudanças e tomar decisões importantes que teriam duração por toda uma vida, me forçando a escolher seguir na caminhada da fé e a morrer para meu próprio eu.

O paradoxo do morrer para o eu é abrir mão de tudo que você tem para receber tudo que Jesus tem. Requer confiança e fé. É crer naquilo que você não pode ver. A cruz é transparente. Jesus era transparente. Ele é o caminho, a verdade e a vida. Podemos confiar totalmente nele, e quando assim fazemos, um laço de unidade é formado para a eternidade. É um diagrama para o casamento.

Nenhum casamento pode administrar com sucesso as estações difíceis sem os ingredientes da transparência, verdade, confiança e unidade. O mais importante, nossa vida não pode mover-se com sucesso pelas estações difíceis sem esses ingredientes importantes estarem em funcionamento.

Alguns anos atrás, com esses importantes elementos agregados à minha vida, me senti compelido a fazer três coisas. Para mim, elas foram passos para a confiança.

1. Entregar meus livros contábeis a um escritório de contabilidade.
2. Transferir parte de minha empresa de confecção de joias individuais para outra pessoa.
3. Escrever este livro.

Levei oito anos para realizar os três objetivos, mas, ao escrever as três últimas páginas deste manuscrito, terei cumprido os três passos – um ato de obediência Àquele que guia minha vida.

Então, o que isso significa agora? Eu não tenho ideia. Só sei que cumpri minha parte. Minha jornada certamente não acabou, mas essa parte está concluída. Cabe a Deus fazer o restante. Entretanto, posso dizer-lhe que desde que tomei a decisão de começar a obedecer, tenho visto milagres incríveis acontecendo. A obediência foi uma chave crucial.

Enquanto compartilho, deixe-me levá-lo de volta ao início da minha história, quando acordei para ouvir Deus me falar para comprar o equipamento de música para meu filho. Foi simplesmente um ato de obediência.

> Lembre-se de que as decisões tomadas afetarão seu amanhã.

cia. Hoje meu filho é adulto, casado e líder de louvor em uma grande igreja em nossa cidade. Ele está cumprindo seu destino. Sempre me perguntei sobre aquele momento e o que teria mudado se eu não tivesse agido em obediência. O que fazemos afeta os outros.

O que sua jornada defende? Você tem sido obediente à direção para sua vida? Se você acha que sua jornada se tornou difícil, uma análise introspectiva de rotina pode ser conveniente. Descobri que, pelo menos em minha vida, às vezes eu trilhei fora do caminho acidentalmente. Isso pode exigir um recuo para se voltar ao último ato de obediência – de volta ao caminho certo.

Nenhum de nós consegue predizer o que o futuro nos reserva. Somente podemos fazer escolhas. Nossa vida é o resultado de nossas escolhas e como administramos os dons e talentos que possuímos. As escolhas que fazemos afetam não somente nossa vida, mas a vida daqueles que nos rodeiam: nosso marido ou esposa, nossos filhos, nossos amigos e até mesmo vizinhos.

Não importa onde você esteja na jornada da vida, considere as escolhas que faz e como elas afetarão não somente você, mas aqueles a quem ama.

As decisões que tomamos hoje, sem dúvida, afetarão nosso amanhã. O que você passa hoje é baseado nas decisões de ontem ou de seu passado. Se quiser ver uma mudança, então precisa fazer uma mudança. Você tem de fazer escolhas diferentes. Eu fiz.

Espero que cada um de vocês faça a escolha de agir em transparência, verdade e confiança. E, assim fazendo, que elas se tornem ingredientes na estrutura de sua vida, que lhe permitirá colher a recompensa da unidade em cada relacionamento... especialmente no casamento.

# UM CONVITE

A aplicação da transparência, da verdade e da confiança para criar unidade não é apenas uma receita para seu casamento. É uma receita para todo e qualquer relacionamento na vida. É também a base para o relacionamento mais importante na vida. Este livro não estaria completo se isso fosse omitido.

A necessidade de transparência, verdade, confiança e unidade foi gerada dentro de nós. Não é um conceito novo. Em vez disso, é tão antigo quanto a humanidade, e desde o inicio dos tempos nós a estragamos. Desde o início, fomos criados com a capacidade de sermos transparentes, o que pode ser visto no primeiro casal que habitou este planeta, Adão e Eva, no Jardim do Éden. Eles viviam nus, e não sentiam vergonha.[35] Por quê? Porque não havia necessidade de esconder nada. Não havia desconfiança. Eles andavam em verdade, e por isso tinham unidade total.

E então o engano entrou na equação. Quando Eva tomou a decisão de não andar em verdade e transparência, ao escolher acreditar na mentira de Satanás, pegar o fruto proibido e então esconder o próprio embuste, primeiro ela quebrou a confiança do seu companheiro,

Adão, e por fim a relação de confiança com Deus. A unidade foi destruída.

Porém, já havia um plano de contingência para restaurar o que fora quebrado.

Veja, a Cruz ofereceu transparência, a capacidade de restaurar o alicerce que foi rachado. Deus, na ação mais transparente que já existiu, ofereceu seu Filho, Jesus. A Bíblia diz que Jesus é o caminho, a verdade e a vida.[36] Jesus nos permitiu vê-lo. Ele se tornou totalmente transparente, falou a verdade, dando confiança onde esta havia sido quebrada, a fim de restaurar a unidade. A única exigência era que acreditássemos. E isso nos leva de volta ao ponto inicial. Devemos acreditar. Devemos confiar em Jesus para alcançar unidade com Deus.

A coisa mais difícil que você pode ter de fazer um dia é sacrificar a sua vida por seu companheiro e, em última instância, se escolher, sacrificar sua vida por Deus. Viver de fato a vida a que foi destinado é o maior dom que você receberá, mas é a coisa mais difícil que fará. Creio que viver uma vida de sucesso significa ser um mordomo dos dons que recebemos. No casamento, esse é o seu companheiro. Pois nesta terra é o relacionamento de maior valor que você possuirá. Se o relacionamento conjugal for quebrado, o efeito pode potencialmente quebrar todos os outros relacionamentos que você tiver. É o efeito dominó.

Também é um dom trilhar a jornada que o Senhor tem para você por um "felizes para todo o sempre". Tenho certeza que a esta altura você consegue perceber que é tudo uma escolha e que a decisão é sua. As perguntas são: você acredita em um "felizes para sempre" e está disposto a dar os passos para alcançá-lo?

Minha oração é que este livro não apenas o ajude a chegar a essa posição em seu casamento, mas também à eternidade e ao mundo por vir – seu casamento duradouro.

## UMA OBSERVAÇÃO FINAL

Escolhi ser transparente na exposição da minha história pensando que valeria a pena se, ao expor meus erros e o modo que os corrigi, pudesse ajudar ao menos uma pessoa a evitar as mesmas armadilhas.

Posso me lembrar de reclamar comigo mesmo e com Deus durante os dias mais difíceis que se seguiram à nossa primeira falência. A vida se tornou uma luta intensa e constante. Eu sentia que havia perdido meu destino e estava desesperado para encontrar meu "pacote de bônus e indenizações" – um jeito de fugir para uma vida melhor.

Porém, reclamar não iria mudar minha situação. Em vez disso, tive de fechar a boca e dar a Deus a oportunidade de falar. Às vezes, quando estamos no meio de uma forte crise, clamamos a Deus por ajuda, mas o falatório é todo nosso. Como em qualquer relacionamento, temos de aprender o momento de calar e ouvir. Foi nesse momento de silêncio que Deus falou ao meu coração: *Sua provisão está em minhas mãos.*

Não entendia. Eu não tinha nada... Pelo menos não na forma de dinheiro ou bens. Ele continuou: *Eu quero que você faça coisas tangíveis que revelem quem eu sou.*

Levei quinze longos e difíceis anos para entender o que ele queria dizer com aquela frase, mas com a criação de uma nova linha de produtos como a Unity Cross, eu finalmente entendi. Tenho visto mais vidas transformadas a partir desse produto simples do que qualquer outra coisa que já criei. Creio que ela traz para o centro da atenção a batalha que enfrentamos hoje em nível global, que é a redefinição do casamento e o enfraquecimento da família. Creio que vale a pena lutar pelos nossos casamentos, os princípios sobre os quais eles se firmam, e, também, por nossas famílias.

Se este livro tocou sua vida ou se você é uma pessoa que está disposta a lutar por seu casamento e família, fale comigo no e-mail: michael@michaelletney. com ou P. O. Box 703054 Tulsa, OK 74170

Para mais informações sobre recursos, livros e dicas de casamento em inglês, vá para www.michaelletney.com ou www.unitycross.com

# DANDO O PRÓXIMO PASSO

Na medida em que você finaliza a leitura deste livro, eu o estimulo a dar o próximo passo para avaliar seu casamento e relacionamento. O propósito deste livro é apresentá-lo aos quatro passos que o ajudarão a viver um casamento duradouro e feliz. Transparência, verdade, confiança e unidade são áreas que precisam receber atenção contínua em nossos casamentos. São questões em que Barbie e eu continuamos a trabalhar juntos.

Enquanto trabalhamos para nos firmar juntos na plataforma da unidade, temos de trabalhar para manter a posição onde estamos sendo transparentes, falando a verdade e crescendo em confiança. Não deve haver segredos. Leva tempo e energia para se avaliar, comunicar e corrigir o curso juntos, a fim de garantir que esses quatro passos permaneçam intactos em nosso casamento.

A comunicação é um elemento-chave para manter essa unidade e é um ingrediente importante para todas as camadas do bolo de casamento. Por isso, enquanto você termina a leitura deste livro, eu queria lhe dar alguns exercícios simples de comunicação para ajudá-lo a avaliar esses passos em sua vida e casamento. Após cada seção, você pode tirar um tempo para refletir e discutir a solidez desses passos em sua vida, na vida de seu cônjuge e no casamento de vocês. Se estiver disposto a ser consciente e honesto consigo mesmo e com seu cônjuge e dar o próximo passo, então já tomou uma decisão importante para chegar ao casamento que Deus idealizou para você.

## REGRAS DE ENVOLVIMENTO

Ser honesto com nós mesmos nem sempre é fácil. Descobri que a honestidade é uma das coisas mais difíceis de termos como adultos. Nossa natureza humana nos faz ter uma visão a nosso respeito do jeito que queremos ser percebidos em vez de fazermos uma avaliação sincera de quem, na verdade, somos. Um dos papéis do cônjuge é ser capaz de falar honesta e verdadeiramente com o companheiro, não apenas nas áreas em que eles se distinguem, mas também nas áreas em que precisam ser feitos ajustes. Isso não é fácil, e muitas vezes pode ser o ponto em que os relacionamentos racham.

Viver em transparência, verdade, confiança e unidade requer que falemos com nosso companheiro em amor e recebamos dele em amor. Se como homem eu preciso ser mais transparente, Barbie precisa ser capaz de falar comigo sobre essas áreas sem que eu fique na defensiva ou magoado. Quando confio que Barbie fala comigo em amor e para meu próprio bem, me torno mais receptivo à comunicação construtiva e corretiva que vem dela. Sei que o que está no coração dela é meu bem-estar.

Como casal, vocês precisam guardar-se da ira, da mágoa, da rejeição, dos sentimentos de inadequação e das reações de depressão, enfado e interrupção da comunicação. Você tem de criar um ambiente saudável e afetuoso para ser capaz de lidar com áreas que ocasionalmente precisarão de aperfeiçoamento em seu casamento. Entretanto, não se esqueça de elogiar e reconhecer o seu companheiro nas áreas em que ele se distingue. Ambos são necessários.

Seguem abaixo três áreas de avaliação. Elas devem ser usadas após o término de cada seção do livro ou após cada camada do bolo. Por exemplo, o primeiro passo é a transparência. Essas perguntas o ajudarão a avaliar sua transparência pessoal, depois a de seu cônjuge e então a transparência do casal. Após responder a essas perguntas, ache um tempo em que possa se reunir com seu cônjuge para discutir cada uma das avaliações. É importante que vocês sejam capazes de comunicar com clareza o que veem e sentem, a fim de que possam continuar a melhorar em cada uma das áreas. É mais do que provável que você achará pontos em que os dois concordam, e áreas em que discordam. Você deve ver partes em que os dois podem melhorar e pontos em que vocês já estão vivendo em harmonia juntos e indo bem. O objetivo deste exercício não é criar conflito, mas abrir as áreas de comunicação e realmente começar a estabelecer os princípios básicos deste livro para criar camadas em seu casamento que promovam maior estabilidade rumo a um casamento duradouro. Essas áreas incluem:

1. Pessoal: Avaliar o passo em sua vida.
2. Cônjuge: Avaliar o passo na vida de seu cônjuge.
3. Casamento: Avaliar o passo em seu casamento.

Esta obra não é um curso completo e abrangente, mas sim uma cartilha para iniciar e manter a comunicação saudável em seu casamento. Estes passos o ajudarão a olhar para si mesmo, para seu cônjuge e seu casamento e a atraí-lo rumo a um relacionamento que permaneça firme sobre o alicerce sólido da unidade.

Você pode fazer as avaliações sozinho ou com seu cônjuge, o que for mais construtivo e condizente com suas personalidades e seu casamento, mas não deixe de discutir em dupla depois. Lembre-se de que o objetivo é iniciar a comunicação e o conhecimento dos passos da transparência, verdade e confiança para criar unidade em sua jornada conjugal como uma só carne.

# AVALIAÇÃO DA VERDADE

## PESSOAL

1. Em quais áreas você acha que caminha em verdade?
2. Em quais áreas você precisa tornar-se mais verdadeiro?
3. Que passos você pode dar para melhorar sua relação com a verdade?

## CÔNJUGE

1. Em quais áreas você acha que seu cônjuge caminha em verdade?
2. Em quais áreas seu cônjuge precisa tornar-se mais verdadeiro?
3. Que passos seu cônjuge pode dar para melhorar em sua relação com a verdade?

## CASAMENTO

1. Em quais áreas você acha que seu casamento caminha em verdade?
3. Em quais áreas seu casamento precisa tornar-se mais verdadeiro?
3. Que passos seu casamento pode dar para melhorar a sua relação com a verdade?

# AVALIAÇÃO DA CONFIANÇA

## PESSOAL

1. Em quais áreas você acha que caminha em confiança?
2. Em quais áreas você precisa tornar-se mais confiável?
3. Que passos você pode dar para melhorar a confiança pessoal?

## CÔNJUGE

1. Em quais áreas você acha que seu cônjuge caminha em confiança?
2. Em quais áreas seu cônjuge precisa tornar-se mais confiável?
3. Que passos seu cônjuge pode dar para melhorar a confiança pessoal?

## CASAMENTO

1. Em quais áreas você acha que seu casamento caminha em confiança?
2. Em quais áreas seu casamento precisa tornar-se mais confiável?
3. Que passos seu casamento pode dar para melhorar a confiança?

# AVALIAÇÃO DA UNIDADE

## PESSOAL

1. Em quais áreas você acha que atua em unidade?
2. Em quais áreas você precisa melhorar em unidade?
3. Que passos você pode dar para atuar em unidade?

## CÔNJUGE

1. Em quais áreas você acha que seu cônjuge atua em unidade?
2. Em quais áreas seu cônjuge precisa melhorar em unidade?
3. Que passos seu cônjuge pode dar para atuar em unidade?

## CASAMENTO

1. Em quais áreas você acha que seu casamento atua em unidade?
2. Em quais áreas seu casamento precisa melhorar em unidade?
3. Que passos seu casamento pode dar para atuar em unidade?

# NOTAS

1. Consulte http://www.brainyquote.com/quotes/quotes/j/ja-mesdobso106593; html#PFIvDayHkXZvyI7W.99. Acessado em 21 de fevereiro de 2015.
2. "Five Power Things Happen When a Leader Is Transparent", por Glenn Llopis, acessado em 31 de dezembro de 2014, http://www.forbes.com/sites/ glennllopis/2012/09/10/5-po-werful-things-happen-when-a-leader-is-transparent/.
3. Consulte http://www.huffingtonpost.com/2014/03/30/avera-ge-wedding-cost-2013-the-knot_n_5059683.html. Acessado em 17 de janeiro de 2015.
4. Consulte http://www.yourtango.com/201171554/should-pre-marital-counseling-be-marriage-requirement. Acessado em 28 de fevereiro de 2015.
5. Amós 3.3.
6. Consulte http://www.thefreedictionary.com/transparency. Acessado em 5 de fevereiro de 2015.
7. João 1.5.
8. João 8.32.
9. Eclesiastes 4.9-12.
10. consulte http://www.webster-dictionary.org/definition/ Truth. Acessado em 7 de fevereiro de 2015.
11. Consulte http://dictionary.reference.com/browse/truth. Acessado em 7 de fevereiro de 2015.
12. Consulte http://www.merriam-webster.com/dictionary/ truth. Acessado em 7 de fevereiro de 2015.
13. João 8.32.
14. Efésios 5.28.
15. 1João 4.18.

16. Consulte http://www.brainyquote.com/quotes/topics/topic_trust; html#HqvVmX31vcoyyuWA. Acessado em 28 de fevereiro de 2015.
17. Consulte http://www.mouseplanet.com/9365/Of_Failure_and_Success_The_ Journey_of_Walt_Disney. Acessado em 26 de fevereiro de 2015.
18. Ibid.
19. Consulte http://www.bible.ca/archeology/bible-archeology-exodus-route-population-of-jews-hebrews.htm. Acessado em 26 de fevereiro de 2015.
20. Êxodo 14.15-16.
21. Consulte http://www.healthnewsdigest.com/news/Research_270/Unforgiveness_A_ Disease_That_Can_Be_Treated_printer.shtml. Acessado em 3 de março de 2015.
22. Marcos 10.27.
23. Consulte http://www.brainyquote.com/quotes/topics/topic_trust2.html#pEdeU07I88XQ6ouv.99. Acessado em 16 de fevereiro de 2015.
24. João 4.14.
25. 1João 4.18.
26. Provérbios 3.1-6.
27. Consulte http://www.brainyquote.com/quotes/authors/p/publilius_syrus.html. Acessado em 1 de março de 2015.
28. Consulte http://www.verybestquotes.com/together-we-can-do-great-things-%E2%80%95-work-mother-teresa-quotes--anout-teamwok-2/. Acessado em 24 de fevereiro de 2015.
29. Deuteronômio 32.30.
30. Eclesiastes 4.12.
31. Consulte http://www.merriam-webster.com/thesaurus/unity. Acessado em 28 de fevereiro de 2015.
32. Consulte http://www.verybestquotes.com/together-we-can-do-great-things-%E2%80%95-work-mother-teresa-quotes-anout-team-wok-2/. Acessado em 24 de fevereiro de 2015.
33. João 15.5.
34. Marcos 10.6-8.
35. Gênesis 2.25.
36. João 14.6.

## SOBRE OS AUTORES

**Michael Letney** é o criador da Unity Cross e fundador do Letney Design Studios. Estudou marketing na Universidade de Tulsa. Atualmente detém cinco patentes e diversas marcas registradas no setor de produtos. Artista e designer de joias, ele também é um empreendedor e Ph.D. pela School of Hard Knocks.

Criou produtos para varejistas importantes e para ministérios com distribuição global. A paixão dele é comunicar o Evangelho por meio de produtos de modo tangível, fazendo o que as pessoas dizem que é impossível e dependendo da direção e graça de Deus para deixar um legado de entendimento para as próximas gerações.

Ele e sua esposa, Barbie, têm dois filhos adultos casados e cinco netos. Eles vivem em Tulsa, Oklahoma. Para mais informações, consulte www. letneyjewelers.com.

**Karen Hardin é uma agente literária, autora e especialista em marketing.** Ela está no setor de publicações cristãs há 25 anos e teve o privilégio de trabalhar em inúmeros projetos com alguns dos nomes mais respeitados neste setor, tais como Joyce Meyer, Gloria Copeland, Rick Domeier e outros. Sua paixão é levar a escrita deles ao próximo patamar e colocar seus projetos e produtos no mercado. Ela, o marido Kevin e seus três filhos vivem em Tulsa, Oklahoma.

Para mais informações, consulte www.karenhardin.com

Esta obra foi impressa no Brasil e conta com a qualidade de impressão e acabamento Geográfica Editora.

*Printed in Brazil.*